Ambientes hispánicos 1

León Narváez

Chief Consultant: Ricardo A. Narváez, University of Minnesota

Other Consultants: Carmen González, Houston Independent
School District, Houston, Texas
Joseph Vocolo, Buffalo City Schools,
Buffalo, New York
Gloria Travaglini Wells, Los Angeles City
Schools and UCLA

Design and Layout: Susan K. Lasley
Illustrations and Maps: William Salkowicz

EMC Publishing, Saint Paul, Minnesota

Library of Congress Cataloging in Publication Data

Narváez, León.
    Ambientes hispánicos, 1 [i.e. uno]

    Spanish or English.
    Includes index.
    1. Spanish language — Grammar — 1950-   I. Title.
PC4112.N3   468'.2'421   79-15478
ISBN 0-88436-544-1
ISBN 0-88436-3 pbk.

PROGRAM COMPONENTS OF *Ambientes hispánicos 1*

- student textbook (hardbound or soft cover)
- sound-filmstrips (10 cassettes/10 filmstrips)
- tape program (exercises/tests/sound effects sequences)
- tests
- activities
- maps
- Teacher's Guide

Published 1980
Published by EMC Publishing
180 East Sixth Street
St. Paul, Minnesota 55101
Printed in the United States of America
0 9 8 7 6 5 4 3 2

About the Author-Photographer

León Narváez, a recipient of Phi Beta Kappa, was awarded the Ph.D. degree at the University of Minnesota in Hispanic literature and linguistics. He has lived in Puerto Rico, Mexico, Colombia, and Spain, and has visited other Spanish-speaking countries. Dr. Narváez finished his secondary training at Colegio Nueva Granada (Bogotá, Colombia) and completed part of his college work at the Universidad de Navarra (Pamplona, Spain).

Professor Narváez has worked as an editor, interpreter, recording artist, and translator. His publications include a number of articles and educational language games. He contributed to and edited *Cultural Understandings: Human Relations Units for Spanish Language Classes* (Minnesota State Department of Education, 1976) and wrote and did the photography for *Así son los españoles* (EMC, 1976) and *Passport to Spain* (EMC, 1978).

Dr. Narváez has served as a consultant to the Concordia College (Moorhead, Minnesota) Spanish Language Village program, the San Diego Public Schools (under a federally sponsored bilingual program), the Macmillan Publishing Co., and EMC Publishing. His awards include an honorary membership in Sigma Delta Pi, an ALC Future Faculty Award, a Schedule Free Learning Grant (from the Fund for the Improvement of Post-Secondary Education), a Faculty Fellowship to the Latin American Institute sponsored by the Northwest Area Foundation, and a Mellon Faculty Development Grant. Professor Narváez has participated as a presider, speaker, and organizer in a number of state and regional conferences for foreign language teachers.

Dr. Narváez has taught at the Concordia College Spanish Language Village, Kearney State College, Bethel College, the College of St. Thomas, and Carleton College. His students have ranged in age from nine years to over sixty. At present he holds the rank of Associate Professor of Romance Languages at St. Olaf College (Northfield, Minnesota). In addition to his departmental work, his duties have included at one time or another serving as the Director of Hispanic Studies, the Director of the Media Center and the Language Laboratory as well as Adviser to the SPAN program and Adviser to ACM Latin American programs. His areas of teaching responsibility are linguistics, teaching methodology, student teacher supervision, Hispanic culture/civilization, Hispanic literature, and all levels of Spanish language instruction.

Acknowledgments

The author wishes to express his gratitude to Dr. Ricardo A. Narváez, University of Minnesota, for his work as principal consultant and to Mr. André Fertey, EMC Publishing, for his careful review of the manuscript. Both gentlemen made valuable suggestions for the improvement of the book. The author is also very grateful to Mr. Mark Narváez-Beisel for his assistance with the photography in Mexico. Mr. Wolfgang Kraft, the author of *DEUTSCH: AKTUELL 1* and *2,* gave important advice on the format of AMBIENTES HISPÁNICOS 1, and Ms. Nancy Ann Paddleford assisted in the preparation of the Teacher's Guide.

Those individuals and organizations who were kind enough to contribute to the book's photography include:

Mr. Mark Narváez-Beisel
Mr. Jesús Bueno Ruiz
Mr. John Blake
Dr. Loring D. Knecht
Mr. Bruce Marmesh
Mr. Eric Narváez
Ms. Maxine Zabel Narváez
Dr. Ricardo A. Narváez
Ms. Nancy Ann Paddleford
Dr. Raymond Rosales

Aaron D. Cushman and Associates, Inc.
Puerto Rico Tourism Company
Spanish National Tourist Office

A special thanks to *Ms. Susan K. Lasley,* the designer of the textbook, and to *Mr. William Salkowicz,* for his artwork and maps.

Those who were kind enough to appear before the camera include:

Dalila Díaz de Vale
Glenda Vale Díaz
Libertad Díaz Ortiz
Guadalupe Ortiz Vda. de Díaz
Sigrid González Olivencia
Nancy Ann Paddleford
José Luis Vale Salinas
Jesús Bueno Ruiz
Pablo Bueno Ruiz
Fernando Vale Díaz
Marilia Vale Díaz

Néstor Vale Díaz
María Dolores Ruiz Alfaya
María Teresa Bueno Ruiz
Angel Bueno Roldán
Suzanne Erickson de Rodríguez
Alfredo Rodríguez Dorantes
Pedro Bueno Ruiz
Blanca Bueno Ruiz
Priscila Rodríguez
Elba Rodríguez
Rubén Rodríguez
Pepita Hernández Vda. de Medina
Judith Rodríguez de Rodríguez
Daniel Rodríguez
Mark Narváez-Beisel
Isidro Santiago López
María Guadalupe Alvarado Ruiz
Joaquín Díaz
Grecia Monardes
Nona Narváez
Amparo LaTorre
Eric Narváez
Ramón Zentella
Ricardo Narváez
Jonathan Stalke
Maxine Zabel Narváez
Patria Narváez Vda. de Navarro
Pilar Farragut
Julio Castañeda
Jesús de la Rosa
Micaela de Cuernavaca
Susan Street
Louise Miles
Alejandro Urzúa
Lillian Vásquez de Sánchez
Marcelina Rivera
Cecilia Bruno de Rosario
Norma Elsa Berdecía Algarín

A mis hermanos y cuñados

Darcia Narváez-Beisel
Mark Narváez-Beisel
Eric Narváez
Nona Narváez
Jane Paddleford

quienes siempre se han interesado en lo hispánico

introduction

Ambientes hispánicos 1 is designed to give you an introduction to both the Spanish language and Hispanic culture. The study of Spanish should include from the very beginning exposure to the Hispanic way of life. Hispanic refers to all Spanish-speaking areas of the world: Mexico, Puerto Rico, Spain, etc.

Having lived in different areas of the Hispanic world, the author found it very enjoyable to return to those areas to do the photography for the filmstrips that accompany this textbook. He photographed a variety of authentic situations in order to give a better understanding of what the Hispanic way of life today includes. The result is a well integrated multi-media or audiovisual program that consists of filmstrips, cassettes or reel-to-reel tapes, maps, learning activities, grammatical explanations and exercises, etc. Each reading is accompanied by on-location photography.

Basically the Spanish used in *Ambientes hispánicos 1* is the Spanish spoken by an educated Mexican. The reader should be aware that this type of Spanish is only one dialect of Spanish; there are many others.

Two notes about how to use this book: 1. The oral and written exercises follow the order of presentation of the grammar (found at the end of each chapter). For example, if the present tense is introduced first in the grammar section, then the first oral and written exercises deal with that tense. 2. Occasionally something is introduced in the supplement section (for example, numbers) that is not found in the grammar section. In such cases, within the supplement section there are footnotes that indicate oral and written exercises which deal with that particular topic.

table of contents

DIÁLOGO
La llamada

PEDRO: ¡Dígame!*

JORGE: ¡Buenas tardes, Pedro! Habla Jorge. ¿Vas al partido de futbol?

PEDRO: No, no voy. Mañana tenemos examen de historia.

PEDRO: ¡Qué libro más difícil!

JORGE: ¡Qué lástima! Julia está en casa. Ella va al partido esta tarde.

PEDRO: ¡Ay! Julia es una muchacha tan simpática. Y este libro es siempre aburrido.

JORGE: ¿Por qué no estudias después del partido?

PEDRO: ¡Está bien! ¿Pasas por mí?

JORGE: Sí, y ahora llamo a Julia. Paso por ella también.

Preguntas sobre el diálogo (Questions about the Dialog)

1. ¿Quién llama a Pedro?
2. ¿Va Pedro al partido?
3. ¿Cuál es el examen de mañana?
4. ¿Cómo es el libro?
5. ¿Quién es la muchacha?
6. ¿Dónde está Julia?
7. ¿Quiénes hablan?

*Pedro is a Spaniard; consequently he answers the telephone with *"dígame."* In Mexico one would say *"¿Bueno?"*

The Telephone Call

PEDRO: Hello.

JORGE: Good afternoon, Pedro. This is Jorge speaking. Are you going to the soccer game?

PEDRO: No, I'm not going. Tomorrow we have a history exam.

PEDRO: What a difficult book!

JORGE: That's too bad! Julia is at home. She's going to the game this afternoon.

PEDRO: Oh, Julia is such a nice girl! And this book is always boring.

JORGE: Why don't you study after the game?

PEDRO: Okay! Will you pick me up?

JORGE: Yes, and now I'll call Julia. I'm also picking her up.

EXPRESIONES Y PALABRAS ÚTILES (Useful Expressions and Words)

Buenas tardes.	Good afternoon.
No, no voy.	No, I'm not going.
¡Qué libro...!	What a book!
¡Qué lástima!	That's too bad!
...está en casa.	He (or she) is at home.
...es...aburrido.	It's boring.
¿Pasas por mí?	Will you stop by for me?

¡Buenas tardes!

SUPLEMENTO (Supplement)

1. **Saludos** (Greetings)

Buenos días.	Good morning. (Good day.)
Buenas noches.	Good evening.
Buenas.	shortened form of *buenas tardes* or *buenas noches*
Hola, ¿cómo estás?	Hello, how are you?
¿Qué hay de nuevo?	What's new?
¿Qué tal?	How's it going?

2. **Despedidas** (Farewells)

Adiós.	Goodbye.
Buenas noches.	Good night.
Chau.*	Goodbye.
Hasta el lunes, martes…	See you on Monday, Tuesday…
Hasta luego.	See you later.
Hasta pronto.	See you soon.

3. **Preguntas básicas y respuestas típicas** (Basic Questions and Typical Answers)

¿Cómo estás?	How are you?
Así, así.	So, so.
Bien, gracias.	Well, thank you.
Estoy enfermo(-a).	I'm sick.
Estoy muy bien, ¿y Ud.?	I'm very well, and you?
Estoy muy mal.	I'm very ill.
No me siento bien.	I don't feel well.
Regular.	Okay. (The same as usual.)

¡Buenos días!

¡Buenas noches!

¡Chau!

*Chau comes from the Italian *ciao*.

¿Cómo te llamas?	What's your name?
Me llamo…	My name is…
Ana	Ann
Antonio	Anthony
Beatriz	Beatrice
Carlos	Charles
Carmen	Carmen
Cristina	Christine
Diana	Diane
Dorotea	Dorothy
Eduardo	Edward
Elena	Helen
Esteban	Steven, Stephen
Francisco	Frank, Francis
Guillermo	William
Isabel	Elizabeth
Jaime	James
Jorge	George
Juan	John
Julia	Julie
Luis	Louis
Luisa	Louise
Marcos	Mark
Margarita	Margaret
María	Mary
Marta	Martha
Pablo	Paul
Pedro	Peter
Ricardo	Richard
Roberto	Robert
Susana	Susan
Teresa	Theresa

Me llamo Ana.   Me llamo Luis.

¿Dónde vives?	Where do you live?
Vivo en…	I live in…
Colorado	Colorado
Los Angeles	Los Angeles
Miami	Miami
Nueva York	New York
Nuevo México	New Mexico
(Méjico)	
San Antonio	San Antonio
Tejas (Texas)	Texas

4. **Números** (Numbers): 1-10*

1 = uno
2 = dos
3 = tres
4 = cuatro
5 = cinco
6 = seis
7 = siete
8 = ocho
9 = nueve
10 = diez

Y and *más* are used for addition; *menos* for subtraction; and *son* for "equals."

Examples: *Dos y dos son cuatro.*
Siete menos uno son seis.

*See EJERCICIO ORAL 7 and EJERCICIO ESCRITO IV for practice.

EJERCICIOS DE PRONUNCIACIÓN (Pronunciation Exercises)

The vowels in Spanish are /a/, /e/, /i/, /o/, and /u/.

/a/ This vowel is pronounced somewhere between the vowel in *hot* and the one in *hat*.

taco	ella	buenas
llamo	pasar	hasta
casa	una	Marta
partido	muchacha	preguntas

La muchacha está en casa.

Ella es Marta.

/e/ This sound is a vowel somewhat like the vowel in *bet*. Do not imitate the /e/ in *take*.

Pedro	en	tenemos
Jorge	Elena	examen
tres	Tejas	es
seis	Los Angeles	este

Elena está en Los Angeles.

Tenemos examen.

Contrastive Pairs

hable	habla
nueve	nueva
pase	pasa
come	coma

/i/ This vowel is closer to the vowel cluster in *heat* than the vowel in *hit*.

mí	típicas	cinco
sí	Isabel	libro
aburrido	Ricardo	Miami
América	vivo	

Sí, tenemos el libro.

Isabel y Ricardo viven en Miami.

Examples of /o/ and /u/ will be given in Chapter 2. A famous Spanish saying that uses all the vowels is:

A, e, i, o, u, el burro eres tú.   (...you are the donkey.)

EJERCICIOS ORALES (Oral Exercises)

Substitution

1. El habla mañana.   El habla mañana.
   Ricardo
   Uds.
   Tú
   Tú y yo
   Ellos
   Nosotros

2. (Yo) estudio después.   (Yo) estudio después.
   Marcos y Margarita
   Ella
   Nosotros
   Ud.
   Uds.
   Tú

3. Ud. llama siempre.   Ud. llama siempre.
   Nosotras
   María y Julia
   Juan y yo
   El
   Uds.
   Ellas

Sentence Completion

4. Give a sentence using a pronoun that corresponds to the form of *estar*. Depending on the form of the verb, there may be more than one correct answer.

   _____ estamos aquí.   Nosotros estamos aquí.
   _____ están aquí.
   _____ está aquí.
   _____ estoy aquí.
   _____ estáis aquí.
   _____ estás aquí.

5. Now do the same for *hablar*.

   _____ hablas ahora.   Tú hablas ahora.
   _____ hablo ahora.
   _____ hablamos ahora.
   _____ hablan ahora.
   _____ habláis ahora.
   _____ habla ahora.

Negation

6. Answer the following questions in the negative.

¿Estudia Ud.?   No, no estudio.

¿Llama Ud.?

¿Estudian Uds. siempre?

¿Está Julia?

¿Hablan ellos mañana?

¿Estamos en Puerto Rico?

¿Llaman las muchachas?

¿Hablas mucho?

¿Habláis vosotros ahora?

¿Pasan Uds. por ella?

¿Están Ricardo y Ana?

Numbers

7. Repeat each problem out loud in Spanish and give the correct answer.

$2 + 4 =$ _____

$7 - 4 =$ _____

$5 + 5 =$ _____

$9 - 3 =$ _____

$8 + 1 =$ _____

$9 - 2 =$ _____

Free Response

8. ¿Cómo te llamas?

¿Dónde vives?

¿Quién es Julia?

¿Habla Jorge?

¿Cómo estás?

EJERCICIOS ESCRITOS (Written Exercises)

I. **Fill in the correct verb ending in the present tense.**

Me llam _____ Francisco. Est _____ muy bien.
Viv _____ en Chicago. Esta tarde pas _____ por Julia; ella
no est _____ en casa. Después llam _____ a María. Ella y
yo estudia _____ historia siempre. Nosotros tene _____ el
examen mañana. ¡Ay, ay! Ella no est _____ en casa. ¡Qué
lástima!

II. **Fill in the correct present tense form of *ir* (to go).**

1. Nosotros _____ ahora.
2. Ellas _____ ahora.
3. Marta y yo _____ ahora.
4. Vosotras _____ ahora.
5. ¿Quiénes _____ ahora?
6. Tú _____ ahora.
7. Uds. _____ ahora.
8. Jorge y Pablo _____ ahora.

III. **Decide whether or not the response to each question or statement
is appropriate. If it is inappropriate, give a response that
makes sense.**

1. ¿Cómo te llamas?
   — Estoy bien, gracias.
2. ¿Dónde vive Ud.?
   — Siempre estudio.
3. ¿Van al partido?
   — Sí, y después estudiamos.
4. ¿Quién es la muchacha?
   Es la llamada.
5. ¿Dónde estudias?
   Llamo a Julia.
6. Ellos hablan siempre. No estudian.
   ¡Qué lástima!

IV. **Write out each problem and answer in Spanish.**

1. 7 + 1 = _____
2. 5 − 2 = _____
3. 10 − 4 = _____
4. 4 + 1 = _____

V. **Fill in the space with an appropriate response in Spanish.**

1. Chau.
   _____

2. ¿Cómo están ellos?
   _____

3. ¿Qué tal?
   _____

4. Buenas tardes.
   _____

5. ¿Pasas por Jorge?
   _____

VI. **Write a question. Use an interrogative word asking for the italicized information.**

> *Example:* *Jorge* llama a Pedro.
> *¿Quién llama a Pedro?*

1. *Pablo* llama después.
2. Jorge habla *ahora*.
3. Ella vive *en Nueva York*.
4. El libro es *difícil*.
5. *Julia* es simpática.
6. Marcos está *en casa*.

VII. **Answer these questions with a complete sentence.**

1. ¿Estudias en casa?
2. ¿Llaman Uds. a Pedro?
3. ¿Es difícil este libro?
4. ¿Tenemos examen esta tarde?
5. ¿Va Ud. al partido?

RINCÓN DE CULTURA 1 (Culture Corner)
Phone ... Courtesy ... *Tú* ... *Ud.* ... Names

The way to answer the telephone in the Spanish-speaking world varies from area to area. In Spain you answer *diga* or *dígame* which literally means "speak up" or "tell me." In Mexico people always answer *¿bueno?* (literally "good" or "well") while in Colombia the expression used is *a ver. A ver* means "let's see." In other Spanish-speaking countries *aló* ("hello") is quite common. Your response to one of the above is typically a greeting such as *buenos días* and a request to speak to someone: *Quisiera hablar con...* ("I'd like to speak to...") or *¿Está...?* ("Is...there?"). Often the response to the inquiry is *¿De parte de quién?* ("Who's calling?"). You are expected to give your name and, if not known to the family, to explain the purpose of the call.

Telephone service is poor in some areas of the Hispanic world. So, if you are suddenly cut off, do not assume that the other party has hung up on you. It is probably a faulty connection. By the way, one sure sign that you have mastered Spanish will be the day that you can carry on a telephone conversation in the language.

Courtesy is important in the Hispanic world. Young people learn courteous expressions at an early age. Greeting someone at the door usually includes asking how the person is (*¿Cómo está Ud.?*) or how things are going (*¿Qué tal?*). Usually the response is positive and the greeter is asked how he/she is (*Bien, gracias. ¿Y Ud.?*). Not surprisingly, you will often be invited in and asked to sit down.

But first comes the traditional handshake. In the Spanish-speaking world, you shake hands as a form of greeting. This means that a handshake is customary among close friends as well as new acquaintances. The handshake is a basic form of courtesy; not to shake hands may be interpreted as a sign of coldness and even hostility.

How do you say "you" in Spanish? It is common in the Hispanic world for those on a first name basis to use *tú*, the familiar form, in addressing each other. The formal

Sisters (and brothers) use *tú* when speaking to each other.

11

form *usted* (abbreviated *Ud.*) is reserved for people that they do not know well and for those that they encounter in a formal setting. This distinction between the familiar *tú* and the formal *Ud.* is not carried over to the plural "you." The plural "you" is *ustedes* (abbreviated *Uds.*). Only in Spain is a distinction made between a familiar plural "you," *vosotros,* and a formal one, *ustedes.*

From childhood most Spanish speakers learn to address adults with *señor (Sr.),* *señora (Sra.),* and *señorita (Srta.),* the equivalent of "Mr.", "Mrs.", and "Miss." In fact, the terms in Spanish are very often used without the person's name. Addressing someone with only *señor* is much more common in Spanish than the use of the single English words "Sir" and "Ma'am" in certain parts of the United States.

Young people often have nicknames. Some of the most typical are *Pepe* for *José, Manolo* for *Manuel,* and *Paco* or *Pancho* for *Francisco.* Some nicknames for women are abbreviations of the full name. Three examples are *Pili* for *Pilar, Cari* for *Caridad* ("Charity"), and *Lupe* for *Guadalupe.* Women frequently have a double name, *María Julia* and *Carmen Luisa,* for example, and they may wish to be addressed by their second name. This is particularly true if *María* or *Carmen* is the first name. Both names are so common that many, many women with either name do not use the name on a day to day basis.

Typical nicknames are *Pepe* and *Manolo.*

RINCÓN DE CULTURA 2
Gestures ... Greetings ... Farewells ... Surnames

Among Spanish speakers, gestures are an important form of communication. They are often used to express enthusiasm or disapproval and to indicate emphasis. Some gestures such as pointing are common to many countries. Certainly one popular gesture involves toasting. *Salud* (the equivalent of "cheers") is usually said as part of the toast. Another gesture that has become popular especially among young people is the slapping of hands.

Some Hispanic gestures that accompany speech seem completely natural. Others can be studied and learned by you. However, you should be aware that a gesture may mean something different in different parts of the Hispanic world. In Central Mexico, the height of an animal is indicated by one gesture, the height of an object by another, and the height of a person by a third. In contrast, in Colombia one gesture covers both animals and objects while another is reserved for people. You have to be careful with gestures because the unintentional misuse of a gesture may insult someone.

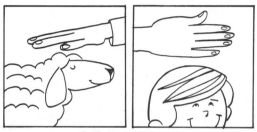

Gestures in Colombia.

As for the physical distance between speakers, it is usually less than in the Anglo-Saxon world. Until you become accustomed to the Hispanic distance — normally less than eighteen inches — you may feel uncomfortable while speaking to a Spanish speaker. Do not be surprised if you start backing away as the Spanish speaker tries to reach his/her comfortable speaking distance and you try to keep yours. As an English speaker, you may be unaware that you are backing away. You do feel uncomfortable to some extent but usually without realizing why.

Greetings and farewells tend to be very warm in the Hispanic world. It is not uncommon for women to kiss on the cheek or for a man and a woman who are relatives or good family friends to do so as well. Men are experts at the *abrazo*. The *abrazo* has three stages: first, the two men shake hands; then they put their arms around one another, right hand up and left hand down, and slap one another on the back several times; and, finally, they shake hands again.

Certainly one of the basics in Hispanic society is to know how to act gracefully in dealing with others. Always shake hands upon meeting someone and when saying goodbye. A wave of the hand in farewell is not sufficient. This is true for both men and women. In saying goodbye you can say *hasta mañana* or *hasta pronto* but the most typical expression is *hasta luego*. Also popular, especially among young people, is the Italian expression *chau*. *Adiós* can be a simultaneous greeting and farewell when you pass someone on the street and do not have time to stop and talk.

Spanish speakers are usually polite and it is not uncommon for them to use titles of respect in speaking to each other and when referring to an esteemed third party. *Don* was made famous by Cervantes' Quijote. However, it is normally used with a man's first name. *Doña* is employed in many areas as a respectful way of referring to a woman. Examples of the usage of *don* and *doña* are *don Juan* and *doña Ana*. Typically *don* and *doña* are reserved for older persons who are viewed as being deserving of special respect.

Hispanic surnames include last names that are not customarily found in English. Some examples are: *Bello* — beautiful; *Cabeza de Vaca* — head of a cow; *Calvo* — bald; *Rojas* — reds; *Rubio* — blond. What is acceptable as a last name in one language is not necessarily so in another. A Spanish speaker has legally two last names, namely, the paternal last name of each parent. In *Juan Martínez Rodríguez*, *Martínez* is the father's last name and *Rodríguez* is the mother's. As is the custom, *Juan* always gives his father's (paternal) last name first. In the telephone directory he is listed under the last name, *Martínez,* followed by *Rodríguez: Martínez Rodríguez, Juan.*

Occasionally first names are rather exotic. The author's relatives include *Patria América* (Homeland America); *Borinquen* (the native name for the island of Puerto Rico); *Juana Encarnación* (Incarnation); *Libertad* (Liberty); *Abraham Lincoln,* and *Jesús Abigail.* However, most Spanish speakers have names such as *Fernando, Cecilia, María Dolores, Marta, Antonio, José María, Esteban, Manuel,* and *María Luisa.*

Doña Guadalupe is hard at work!

LA GRAMÁTICA (Grammar)

I. Subject Pronouns

1. The chart below lists the subject pronouns. The plural form *vosotros* is not used in ordinary conversation and writing in Spanish America. Therefore, it is listed separately.

Singular		**Plural**	
yo	*I*	nosotros, -as	*we*
tú	*you*		
usted	*you*	ustedes	*you*
él	*he*	ellos	
ella	*she*	ellas	*they*
		vosotros, -as	*you*

2. Subject pronouns are usually omitted in Spanish, as can be seen in the following lines from the dialog.

Mañana tenemos examen de historia.	Tomorrow (we) have a history exam.
Ahora llamo a Julia.	Now (I) will call Julia.

3. The use of subject pronouns indicates emphasis.

Ella va al partido esta tarde.	*She* is going to the game this afternoon.

4. As you learned in RINCÓN DE CULTURA 1, there are two words for the singular "you," *tú* and *usted*. You should use *usted,* the formal form, unless the person to whom you are speaking is a friend or family member. In general, *usted* is used in addressing persons older than oneself. If someone wants you to use the *tú* form, he/she will tell you.

5. With the exception of Spain where *vosotros* is used as the plural of *tú,* *ustedes* is the plural of both *tú* and *usted.*

6. The English subject pronoun "it" has no regularly used Spanish equivalent.

Es el libro.	*It* is the book.
¿Cuándo es?	When is *it?*

7. The feminine plural forms *ellas, nosotras,* and *vosotras* are normally used only to refer to a group made up entirely of females. At all other times the masculine forms *ellos, nosotros,* and *vosotros* are used.

II. Verbs

1. The verb takes its name from the *infinitive* form. In English the infinitive is normally preceded by "to." Examples are "to call" and "to speak." However, in Spanish, all infinitives end in *r* preceded by *a, e,* or *i*. Consequently, there are three groups of verbs: *-ar, -er, -ir.* Examples are *hablar* (to speak), *tener* (to have), and *vivir* (to live).

2. The *-ar* group is the largest and it will be discussed here. (Regular *-er* and *-ir* verbs are treated in Chapter 2.) Typical *-ar* verbs are llam*ar* and habl*ar*. The forms for *hablar* in the present tense are:

(yo)	habl*o*
(tú)	habl*as*
(usted) (él, ella)	habl*a*
(nosotros, -as)	habl*amos*
(vosotros, -as)	habl*áis*
(ustedes) (ellos, ellas)	habl*an*

3. *Usted* and *ustedes,* although they mean "you," take *third* person verb forms, as do "he," "she," "it," and "they."

4. The stem is the part of the verb to which *-ar* (or *-er* or *-ir*) is added to form the infinitive. In the case of *hablar, habl-* is the stem. Regular verbs such as *hablar* and *llamar* have the same stem for all forms.

5. The present tense endings are the same for all *-ar* verbs except the first person singular form of *estar (estoy)* and of *dar,* "to give" *(doy)*.

6. The present tense in Spanish corresponds to both the simple present and the present progressive in English.

Jorge habla ahora.   George speaks now.
                                 George is speaking now.

7. Spanish may also use the present tense to deal with the near future.

Llamamos mañana.   We'll call tomorrow.

8. *Ir,* "to go," is an irregular *-ir* verb. *Ir* has the same verb endings as *estar* in the present tense:

(yo)	v*oy*
(tú)	v*as*
(usted) (él, ella)	v*a*
(nosotros, -as)	v*amos*
(vosotros, -as)	v*ais*
(ustedes) (ellos, ellas)	v*an*

Vamos can mean "we're going" but used by itself it may mean "let's go."

III. Interrogative Words

1. Interrogative words are extremely important in asking questions. However, questions can be asked without using them. Intonation determines whether a sentence is a question or not. A very common way of asking a question is to place the verb before the subject.

Julia está en casa.	*Julia is* at home.
¿Está Julia en casa?	*Is Julia* at home?
Ella va al partido.	*She is* going to the game.
¿Va ella al partido?	*Is she* going to the game?

2. The interrogative words are:

qué	*what*	cuál, -es	*which (one)*
cómo	*how*	quién, -es	*who, whom*
dónde	*where*	por qué	*why*
cuándo	*when*		

   cuánto, -a, -os, -as *how much, how many*

3. All interrogative words have a written accent on the stressed syllable.

4. *Cuál* and *quién* have plural forms.

¿Cuál es?	Which (one) is it?
¿Cuáles son?	Which (ones) are they?
¿Quién es?	Who is it (are you)?
¿Quiénes son?	Who are they (you)?

5. *¿Cuál es?* and *¿Cuáles son?* when followed by a noun may have the meaning "what is...?" and "what are...?"

¿Cuál es la capital de Puerto Rico?	What is the capital of Puerto Rico?
¿Cuáles son los partidos mañana?	What are the games tomorrow?

6. *¿Cómo?* is regularly used to ask what someone or something is like. In this context, it is used with a form of *ser* (to be).

¿Cómo es ella?	What is she like?
Ella es simpática.	She is nice.
¿Cómo es el libro?	What's the book like?
Es aburrido.	It's boring.

7. In Spanish, prepositions (if present) always precede interrogative words. Prepositions cannot be placed at the end of a sentence as is often done in English.

¿De dónde es usted?	Where are you *from?*

*The plural forms will be discussed in Chapter 3.

17

IV. Negative Sentences with *no*

1. Sentences can be made negative by placing *no* in front of the verb. This is true of both declarative and interrogative sentences.

No, no voy.   No, I'm not going.

¿No habla Jorge?   Isn't George speaking?

2. *No*, like *sí*, is also used alone. Consequently, when a question is answered with *no* first, two *no's* may occur in a sequence. This is the case with "*no, no voy.*"

VOCABULARIO (Vocabulary)

a (placed in front of direct object that refers to people)

aburrido, -a boring

adiós goodbye

ahora now

al to the

Así, así so, so

¡Ay! Oh!

bien well

Buenas. (shortened form of **buenas noches** or **buenas tardes**)

Buenas noches. Good evening. Good night.

Buenas tardes. Good afternoon.

¿Bueno? Hello. (on telephone)

Buenos días. Good morning.

la **capital** capital

la **casa** home, house

cinco five

cómo how*

cuál what, (which)

cuándo when

cuánto, -a, -os, -as how much, how many

cuatro four

chau goodbye

de of

    de nuevo again

después de(l) after (the)

el **día** day

diez ten

difícil difficult

¡Dígame! Hello (on telephone). (literally: tell me)

dónde where

dos two

él he

ella she

ellos, -as they

en at

enfermo, -a sick

es he (she, it) is (form of **ser**)

esta this

estar to be

    Está bien. Okay.

este this

estoy I am (form of **estar**)

estudiar to study

el **examen** examination

el **futbol** soccer

gracias thank you

hablar to speak

hasta until

hay there is, there are (form of **haber**)

    ¿Qué hay de nuevo? What's new?

la **historia** history

hola hello

ir to go

la the

la **lástima** shame, pity

    ¡Qué lástima! What a shame!

el **libro** book

*Words such as *como* and *cuando* have a written accent when they are interrogative or exclamatory.

18

luego later
    Hasta luego. See you later.
el **lunes** Monday
la **llamada** (telephone) call
    llamar to call
    llamarse to be called
me **llamo** my name is (form of **llamarse**)
    mal bad (health)
    mañana tomorrow
el **martes** Tuesday
    más more, plus
    me me, myself
    menos minus, (less)
    mí (after preposition) me
la **muchacha** girl
    muy very
    no no
    nosotros, -as we
    nueve nine
el **número** number
    ocho eight
el **partido** game
    pasar por to stop by
    por by
    por qué why
    pronto soon
        Hasta pronto. See you soon.
    qué what
        ¿Qué tal? How's it going?
    quién who
    regular okay
    seis six
    sentirse to feel
    sí yes
    siempre always
me **siento** I feel (form of **sentirse**)
    siete seven
    simpático, -a nice
    son equals (in arithmetic)
    también also
    tan so
la **tarde** afternoon
    te you
    tener to have
    tres three
    tú you (familiar)
    una a
    uno one

usted (Ud.) you
ustedes (Uds.) you (plural)
va he, (she, it) is going (form of **ir**)
vivir to live
vosotros, -as you (plural-informal)
voy I'm going (form of **ir**)
y and
yo I

The family

MARÍA TERESA:	Good morning, Nancy. How are
NANCY:	Good morning! I'm fine, thanks. Fi Right?
MARÍA TERESA:	Of course. Do you understand everythin
NANCY:	Yes, Teresa, the questions here are easy.
MARÍA TERESA:	I'll read the first question. "How many broth you have?"
NANCY:	I have three, two brothers and one sister.
MARÍA TERESA:	How old are they?
NANCY:	Ricardo is sixteen, Isabel twelve, and Eduardo six.
MARÍA TERESA:	Do you like to go out with your family?
NANCY:	Yes, I like to; I especially like to when we eat in a restaurant.
MARÍA TERESA:	Ah, you like to eat?
NANCY:	Yes, that's for sure!*

*literally, "it's the pure truth!"

EXPRESIONES Y PALABRAS ÚTILES

¿Verdad?	Right?
Desde luego.	Of course.
¿Comprendes?	Do you understand?
Tengo…	I have…
¿Cuántos años tiene(n)…?	How old is (are)…?
¿Te gusta?	Do you like it (her, him)?
Me gusta…	I like (it, her, him)…

Leccion 2:

1. use regular -er and -ir verbs in the present tense.
2. recognize that the infinitive is the verb form employed after a preposition.
3. use me gusta(n) correctly.
4. employ the definite and indefinite articles.
5. pluralize nouns and articles.
6. discuss the attractions found on a Mexican beach.
7. use the numbers 11-22.
8. describe eating in a Mexican restaurant.
9. give the forms of ser in the present tense.
10. list some verbs that are irregular in the yo form of the present tense.
11. recognize the terms used to identify family members and relatives.
12. pronounce the /o/ and /u/.
13. use basic vocabulary, pp. 40-41.

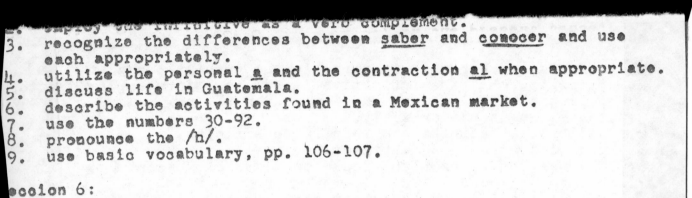

3. recognize the differences between saber and conocer and use each appropriately.
4. utilize the personal a and the contraction al when appropriate.
5. discuss life in Guatemala.
6. describe the activities found in a Mexican market.
7. use the numbers 30-92.
8. pronounce the /h/.
9. use basic vocabulary, pp. 106-107.

ección 6:

1. use some stem-changing verbs (e→i) in the present tense.
2. recognize and use simple prepositions.
3. employ pronouns after prepositions.
4. recognize and use possessive adjectives.
5. discuss transportation problems in Mexico.
6. describe Mexico City.
7. use the numbers 100 and above.
8. recognize the ordinal numbers

2

SER/ESTAR

DIÁLOGO
La familia

MARÍA TERESA:	Buenos días, Nancy. ¿Cómo estás?
NANCY:	¡Buenos días! Estoy bien, gracias. Primero repasamos los ejercicios. ¿Verdad?
MARÍA TERESA:	Desde luego. ¿Comprendes todo?
NANCY:	Sí, Teresa, las preguntas aquí son fáciles.
MARÍA TERESA:	Leo la primera pregunta. "¿Cuántos hermanos tienes?"
NANCY:	Tengo tres, dos hermanos y una hermana.
MARÍA TERESA:	¿Cuántos años tienen ellos?
NANCY:	Ricardo tiene dieciséis, Isabel doce y Eduardo seis.
MARÍA TERESA:	¿Te gusta salir con la familia?
NANCY:	Sí, me gusta. Me gusta especialmente cuando comemos en un restaurante.
MARÍA TERESA:	Ah, ¿te gusta comer?
NANCY:	Sí, ¡es la pura verdad!

Preguntas sobre el diálogo

1. ¿Quiénes hablan?
2. ¿Qué repasan?
3. ¿Comprende Nancy todo?
4. ¿Quién lee la pregunta?
5. ¿Cómo son las preguntas?
6. ¿Cuántas hermanas tiene Nancy?
7. ¿Quién tiene dieciséis años?
8. ¿Sale Nancy con la familia?

SUPLEMENTO

1. Los números: 11 - 22...*

11 = once
12 = doce
13 = trece
14 = catorce
15 = quince
16 = dieciséis
17 = diecisiete
18 = dieciocho
19 = diecinueve
20 = veinte
21 = veintiuno
22 = veintidós...

Key Terms: divided by = *dividido por*
multiplied by = *(multiplicado) por*

2. Los miembros de la familia (the members of the family)**

los padres, (los papás)	parents
el papá, (el padre)	father
la mamá, (la madre)	mother
la esposa, (la mujer)	wife
el marido, el esposo	husband
los hijos	children (offspring)
los niños	young children
el hermano	brother
la hermana	sister

Los padres   Los abuelos   Los hijos   La familia   Los niños

*See EJERCICIO ORAL 6 and EJERCICIO ESCRITO II for practice.
**See EJERCICIO ESCRITO I for practice.

Los parientes (the relatives)

los abuelos	grandparents
el abuelo	grandfather
la abuela	grandmother
el nieto	grandson
la nieta	granddaughter
el primo	cousin (male)
la prima	cousin (female)
el tío	uncle
la tía	aunt
el cuñado	brother-in-law
la cuñada	sister-in-law
el suegro	father-in-law
la suegra	mother-in-law

3. **Ways of expressing gratitude**[*]

Eres muy amable.	You're very kind.
Estoy muy agradecido(-a).	I'm very grateful.
Mil gracias.	A thousand thanks.
Muchas gracias.	Many thanks.
¡Qué amable!	How nice!
¡Qué bondadoso!	How kind!
¡Qué generoso!	How generous!
Te lo agradezco mucho.	I'm very grateful to you.
Un millón de gracias.	A million thanks.

4. **Some important verbs are irregular in the *yo* form of the present tense. All these verbs replace the infinitive ending *-er* or *-ir* with *-go* in the first person.**

hacer	to make, to do	(yo) hago
poner	to put, to place	pongo
salir	to leave, to go out	salgo
tener	to have, to hold	tengo
traer	to bring	traigo
venir	to come	vengo

5. **The forms of *ser* (to be) in the present tense**

(yo) soy		(nosotros, -as)	somos
(tú) eres		(vosotros, -as)	sois
(usted) (él, ella)	es	(ustedes) (ellos, ellas)	son

*See EJERCICIO ORAL 7 for practice.

EJERCICIOS DE PRONUNCIACIÓN

/o/ This sound and the following *u* sound require considerable lip rounding.

primo	mucho	muchacho
comer	poner	generoso
bondadoso	salgo	hago
abuelo	hijos	saludos

El abuelo es bondadoso.
Salgo y como mucho.
Los hijos son generosos.

/u/ This sound is closer to the *u* sound in "kook" than the *u* sound in "cook."

mucho	pura
una	muy
estudio	pregunta
gusta	cuñado

Me gusta el cuñado.
La pregunta es muy fácil.

La /o/ y la /u/ son vocales.

EJERCICIOS ORALES
Substitution

1. Uds. comen en el restaurante.   Uds. comen en el restaurante.
   Julia
   Ella y Marcos
   Luisa y yo
   ¿Quiénes
   Yo
   Nosotras

2. Ellos salen con la familia.   Ellos salen con la familia.
   Uds.
   Yo
   La Srta. Calvo
   Tú
   Carmen
   Nosotros

3. **Give the correct form of *ser* in the present tense.**

    Yo _____ amable.

    Tú _____ amable.

    Ud. _____ amable.

    Ella _____ amable.

    Paco y yo _____ amables.

    Ellos _____ amables.

    Ricardo y ella _____ amables.

    Nosotras _____ amables.

4. **Give the *yo* form of the following verbs in the present tense**

    venir

    ser

    poner

    tener

    hacer

    leer

    estudiar

    hablar

    llamar

    estar

5. **Create a sentence using *me gusta* or *me gustan*, depending on what follows.**

    Examples: *el libro*   *Me gusta el libro.*

    　　　　　 las tías   *Me gustan las tías.*

    los ejercicios

    la pregunta

    los hermanos

    la hermana

    el restaurante

    los libros

    Isabel

6. **Read the problem out loud and give the answer.**

    Seis y cinco son _____.

    Ocho por dos son _____.

    Catorce menos uno son _____.

    Cuatro por cuatro son _____.

    Quince dividido por tres son _____.

    Nueve y siete son _____.

    Dos por siete son _____.

    Dieciocho menos seis son _____.

    Veinte dividido por uno son _____.

    Diecinueve menos trece son _____.

7. **Respond with a different expression of gratitude for each sentence:**

Aquí está el libro.
Vamos al restaurante.
Tú eres muy generoso.

8. **First add the correct definite article and then convert the article and noun to the plural. Include *es* and then *son* to form sentences.**

> ***Example:*** *libro   Es el libro.   Son los libros.*

cuñada
papá
primo
restaurante
hermana
familia
partido
muchacha

Repeat the previous process using indefinite articles.

> ***Example:*** *libro   Es un libro.   Son unos libros.*

Free Response

9. ¿Te gusta comer?
¿Dónde vive la familia?
¿Cómo estás?
¿Comprenden Uds. todo?
¿Tienes hermanos?
¿Cuántos años tienes?
¿Te gusta salir?
¿Dónde comen Uds.?

VOCABULARIO CLAVE QUE VIENE (Key vocabulary to come)

The following vocabulary is in its order of appearance in the **lectura** that follows and is presented paragraph by paragraph.

el **futbol** soccer
el **jugador** player
practicar to practice
el **pie** foot
el **balón** ball
redondo, -a round
a menudo often
usar to use
el **portero** goalie
defender to defend
después de after
correr to run

antes del before the
el **partido** game
el **árbitro** referee
el **capitán** captain
el **equipo** team
el **aficionado** fan
ver to see
cada each
hacer to make
el **minuto** minute
cansado, -a tired

controlar to control
a veces at times
perder to lose
bueno, -a good
ganar to win
siempre always
la **vida** life

LECTURA 1 (Reading)
El futbol

Los jugadores de futbol practican mucho. Ellos practican con los pies. Usan el balón redondo. A menudo los jugadores usan dos balones para practicar. El control del balón es muy importante. El portero defiende el gol. Después de correr y correr, los jugadores descansan.

Antes del partido, el árbitro habla con los capitanes de los dos equipos. Luego los aficionados ven un partido interesante. Cada equipo hace un gol. Los jugadores corren y corren. Después de veinte minutos los jugadores están cansados.

La táctica básica es controlar el balón. A veces nosotros perdemos. Los jugadores buenos no ganan siempre. ¡Así es la vida!*

*¡Así es la vida! That's life!

Preguntas sobre la lectura (Questions about the Reading)

1. ¿Qué hacen los jugadores?
2. ¿Cómo es el balón?
3. ¿Quién defiende el gol?
4. ¿Cuándo descansan los jugadores?
5. ¿Con quiénes habla el árbitro?
6. ¿Cuál es la táctica básica?
7. ¿Ganan siempre los jugadores buenos?

El tenis es otro deporte (sport) internacional.

EJERCICIOS ESCRITOS

I. **Based on each description, give the name of the relative.**

1. _Primo_ Es el hijo del tío.
2. _Mamá_ Es la esposa de mi papá.
3. _Nieta_ Es la hija de mi hija.
4. _Suegra_ Es la mamá de mi marido.
5. _Cuñado_ Es el marido de mi hermana.
6. _Primo_ Es el hijo de la tía.
7. _Abuelo_ Es el papá de mi papá.
8. _Nieto_ Es el hijo de mi hija.

II. **Write out each problem and answer in Spanish.**

1. 5 + 12 =
2. 3 + 15 =
3. 16 − 5 =
4. 20 − 8 =
5. 6 × 3 =
6. 5 × 4 =
7. 18 ÷ 2 =
8. 16 ÷ 4 =

III. **Unscramble the words and form sentences, always starting with a subject. Put the verb into the correct present tense form.**

1. / ser / buenos / los hijos /
2. / mucho / el jugador / correr /
3. / descansar / nosotros / siempre /
4. / el equipo / ganar / no /
5. / practicar / ellos / con el balón /
6. / María Teresa y Nancy / el libro / leer /

IV. **Supply the correct form of *ser* in the present tense.**

(Yo) _____ el capitán. Mi equipo _____ muy bueno. Nosotros _____ jugadores de futbol. ¿_____ Uds. jugadores también?

Sí, María y yo _____ jugadores.

Y Juan, ¿_____ (tú) un jugador? ¿Sí? ¡Qué bueno!

V. **Answer the question in the negative. In some cases, you may have to use an irregular first person verb form.**

Example: *¿Vas al partido?   No, no voy.*

1. ¿Tienes el balón?
2. ¿Leen Uds. el libro?
3. ¿Comprende Ud. el ejercicio?
4. ¿Sales con la tía?
5. ¿Comen Uds. mucho?
6. ¿Corres siempre?

VI. **Fill in each blank with an appropriate word from the list below.**

_____ el portero del equipo. El portero _____ el gol. Mi _____ también practica el futbol con el equipo. Mi _____ siempre _____. A veces el partido es _____. ¡_____ la pura verdad!

defiende	gana
hermana	es
soy	equipo
aburrido	

VII. **Rewrite the sentence changing the verb, article, and noun to the plural forms.**

1. Es el hijo.
2. Es el jugador.
3. Me gusta la familia.
4. Me gusta el restaurante.
5. Es el partido.

VOCABULARIO CLAVE QUE VIENE

el **restaurante** restaurant
la **cadena** chain
el **grupo** group
  famoso, -a famous
  atractivo, -a attractive
  tienen (they) have
la **fuente** fountain
  leer to read
el **menú** menu
el **plato** dish
la **cocina** cooking, cuisine
  hay there are
  norteamericano U.S.

  quieren want
la **comida** food
  escoger to choose
  típico, -a typical
la **camarera** waitress
  escribir to write
  rápidamente rapidly
el **pedido** order

  primero first
  traer to bring
la **bebida** drink
  recibir to receive
la **gaseosa** soft drink
la **sopa** soup
  pero but
la **ensalada** salad
  mientras while
  comer to eat
el **coctel** cocktail
la **fruta** fruit

  luego then
  rico, -a good
  con with
el **entusiasmo** enthusiasm
  tener hambre to be hungry
  fuerte heartily
el **postre** dessert
el **helado** ice cream
  trabajar to work
  ahora now
el **flan** caramel custard

  estos, -as these
la **propina** tip
  tomar to drink
el **café** coffee
la **leche** milk
  tener suerte to be lucky
  todo everything

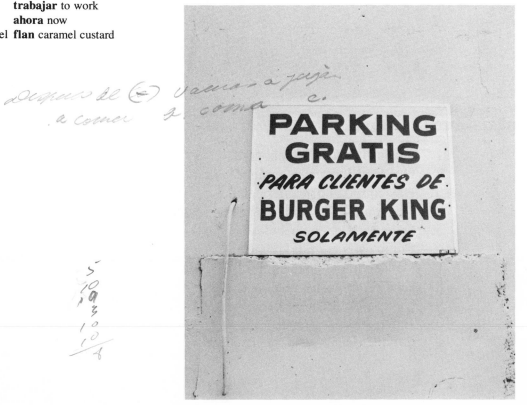

¡Hay hamburguesas norteamericanas!

LECTURA 2
Los restaurantes Sanborns

La cadena Sanborns es un grupo de restaurantes famosos de México. Son restaurantes atractivos. A veces tienen una fuente. Judit y los amigos leen el menú. Hay muchos platos de la cocina mexicana. También hay las famosas hamburguesas norteamericanas.

Judit y los amigos quieren comida mexicana. Escogen tacos, enchiladas y otros platos típicos. Judit quiere un plato combinado. La camarera escribe rápidamente los pedidos.

Primero las camareras traen las bebidas. Judit y los amigos reciben gaseosas. Un primer plato es la sopa. Pero Judit recibe una ensalada mientras Priscila come un coctel de frutas. Son platos excelentes.

Luego las camareras traen el plato principal. La comida mexicana es muy rica. Judit come con entusiasmo. Ella tiene hambre. ¡En Sanborns vale la pena* comer fuerte! Una camarera trae el menú. Judit y los amigos escogen los postres. El helado es muy popular. Las camareras trabajan siempre. Ahora ellas traen unos flanes.

Estas camareras reciben una buena propina. Después de la comida, Judit toma café con leche. ¡Judit tiene suerte hoy! Todo está muy rico.

*vale la pena it's worth (the effort)

Preguntas sobre la lectura

1. ¿Qué es la cadena Sanborns?
2. ¿Qué leen Judit y los amigos?
3. ¿Hay comida norteamericana?
4. ¿Quieren ellos comida norteamericana?
5. ¿Quiénes traen las bebidas?
6. ¿Cómo es la comida mexicana?
7. ¿Dónde vale la pena comer fuerte?
8. ¿Cuál es un postre popular?
9. ¿Qué postre traen las camareras?
10. ¿Toma Coca-Cola Judit?
11. ¿Por qué tiene suerte Judit?

Después de comer, los amigos hablan con entusiasmo.

REPASO (Review)

I. **Rearrange the numbers in order, lowest to highest.**

cinco	tres
veinte	once
ocho	trece
dieciséis	siete
doce	quince

II. **Write a question. Use an interrogative word asking for the italicized information.**

> *Examples:* Las camareras traen *las bebidas*.
> *¿Qué traen las camareras?*
> Judit habla con *Pedro*.
> *¿Con quién habla Judit?*

1. Las camareras traen *unos flanes*.
2. Judit come *con entusiasmo*.
3. Ella tiene suerte *hoy*.
4. *Ricardo* quiere un plato combinado.
5. La comida mexicana es *muy rica*.
6. Sanborns está *en México*.
7. Los hermanos leen *el menú*.
8. *Ahora* ellos escogen los postres.

III. **Write in the correct form of *ir* in the present tense.**

1. Ellos _____ al partido.
2. (Yo) _____ con ella.
3. Nosotros _____ ahora.
4. ¿Quién _____ ?
5. Isabel y Eduardo siempre _____ .

IV. **Do you remember the Spanish for the following expressions?**

1. That's too bad.
2. See you later.
3. It's hard.
4. Do you like it?
5. Of course.
6. What a book!
7. Right?
8. See you on Monday.
9. It's boring.
10. Do you understand?

V.   Write in the correct form of *estar* in the present tense.

1. Marcos _____ bien.
2. Tú _____ aquí.
3. ¿Dónde _____ nosotros?
4. ¿Por qué _____ Uds. aquí?
5. (Yo) _____ enfermo(-a).

VI.   Use one of the verbs below and fill in the correct form. Use each verb only once.

1. Ellos siempre _____ en el restaurante.
2. Pedro _____ a Julia.
3. (Yo) _____ el libro de historia.
4. Uds. _____ en México.
5. ¿_____ (tú) con la familia?
6. ¿_____ Ud. por mí?
7. Ella _____ norteamericana.
8. ¿Cuándo _____ (nosotros) a casa?

estudiar	pasar
ir	comer
ser	estar
salir	llamar

RINCÓN DE CULTURA
The Beaches of Mexico

Acapulco and several other cities on the western coast of Mexico have fabulous beaches. The weather is very nice in winter and the vegetation is tropical. The coast extends for miles and miles. Houses are built on heights because the view is so beautiful. Often there are huge hotels near the beaches. But there are also more isolated spots. You can rest on a terrace or take a nap in a hammock. As in the rest of Mexico, people eat the famous tortilla.

What is most impressive is the coast itself. The beaches are enormous and they attract large numbers of people. Some go out in boats while others pass the time with friends on the beach. Some beaches are ideal for meditation and reflection. During the day, people escape from the strong sun underneath straw roofs. After some hours in the sun, you learn to appreciate the shade. The beach is a popular place to spend a vacation.

Near the docks there are many different boats. In at least one of the boats there are beautiful shells. The boats in a calm bay create an attractive scene. When not in use, many boats are left on the beach. You can enjoy walking on the sand and admiring the sailboats. Sailboats are graceful as they move across the water, and they contribute to the picturesque atmosphere because their sails are of different colors. After you become acquainted with Mexican beaches, you always remember the peaceful surroundings. Nevertheless, there is evidence, such as an old fortress, of a not so peaceful past. Goodbye for now to the beautiful ocean of the Mexican coast. Maybe next year...

Not everyone in Acapulco is on vacation!

LA GRAMÁTICA

I. Verbs

1. Regular -er verbs have the following forms in the present tense.

   comer - to eat

(yo)	com*o*
(tú)	com*es*
(usted) (él, ella)	com*e*
(nosotros, -as)	com*emos*
(vosotros, -as)	com*éis*
(ustedes) (ellos, ellas)	com*en*

2. Regular -ir verbs have the following forms in the present tense.

   escribir - to write

(yo)	escrib*o*
(tú)	escrib*es*
(usted) (él, ella)	escrib*e*
(nosotros, -as)	escrib*imos*
(vosotros, -as)	escrib*ís*
(ustedes) (ellos, ellas)	escrib*en*

3. Regular -er and -ir verbs have the same endings in all tenses, except for the *nosotros* forms of the present *(-emos, -imos)* and the *vosotros* present tense *(-éis, -ís)* and command forms.

4. Verbs such as *hacer* and *poner* that have the irregular -*go* ending in the first person form of the present tense are listed in the *SUPLEMENTO*. The irregular forms have to be learned individually; it cannot be predicted from the infinitive whether or not a verb has an irregular first person form.

5. Infinitive after a preposition

   After a preposition, an infinitive is used in Spanish rather than the participle.

   Examples: *Después de correr...   After running...*
   Antes de comer...   Before eating...

6. The verb *gustar*

   The literal meaning of *gustar* is "to please, to be pleasing." Therefore, *me gusta Julia* literally means "Julie is pleasing to me" although "I like Julie" is what we normally say in English. The Spanish subject *(Julia)* and object *(me)* are the reverse of the English subject ("I") and object ("Julie").

Keeping the above in mind, we see from the examples below that the verb *gustar* agrees with what would be the object in English.

Me gus*ta* Pedro.   I like Peter.

Me gus*tan* Pedro y María.   I like Peter and Mary.

If what follows *gustar* is a noun in the singular (or an infinitive), then use *me gusta;* otherwise use *me gustan*.

II. Gender of Nouns

Spanish classifies all nouns as masculine or feminine, whether or not they refer to persons. For example, *libro* (book) is masculine and *casa* (house) feminine. "Masculine" and "feminine" are only grammatical terms. Spanish speakers do not think of *libro* as being somehow male and *casa* female.

1. Generally speaking, nouns ending in -*o* are masculine and those ending in -*a* are feminine. Among the major exceptions are *día* ("day") which is masculine and *mano* ("hand") which is feminine.

2. Spanish normally uses the endings -*o* (masculine) and -*a* (feminine) to distinguish between male and female persons of the same category. For example, *hermano* is "brother" and *hermana* "sister."

3. The ending -*a* is employed for the feminine counterpart of a number of nouns whose masculine form ends in a consonant. An example would be *señor* (gentleman) and *señora* (lady). However, there are also some masculine-feminine pairs that are made up of completely different words. An important example is *hombre* (man) and *mujer* (woman).

4. For the most part, the gender of nouns that do not end in -*o* or -*a* is unpredictable. However, there are a few guidelines. For example, nouns that end in -*dad, -ción,* and -*sión* are feminine.

III. Definite and Indefinite Articles

	Masculine	**Feminine**
Definite	*el* libro	*la* casa
	(*the* book)	(*the* house)
Indefinite	*un* libro	*una* casa
	(*a* book)	(*a* house)

As shown by the above examples, Spanish definite *(el, la)* and indefinite *(un, una)* articles have different forms for masculine and feminine words. The articles always agree with the nouns they modify.

IV. Plural of Nouns and Articles

1. Singular nouns ending in a vowel add -*s* to form the plural.

	Masculine	**Feminine**
Singular	hermano	familia
	(brother)	(family)
Plural	hermano*s*	familia*s*
	(brothers)	(families)

2. Nouns ending in a consonant usually add -*es* to form the plural.

Singular	jugador	mujer
	(player)	(woman)
Plural	jugador*es*	mujer*es*
	(players)	(women)

3. The plural of the masculine *definite* article is *los* and the plural of the feminine *definite* article is *las*.

   el hermano - *los* hermanos   la familia - *las* familias

4. The plural of the masculine *indefinite* article is *unos* while that of the feminine *indefinite* article is *unas*.

   un hermano - *unos* hermanos   una familia - *unas* familias

5. *El, los, la,* and *las* all mean "the;" *un* and *una* mean "a" while the English equivalent of *unos* and *unas* is normally "some."

6. Any reference to a combination of masculine and feminine words requires using the masculine form in the plural.

   el hermano y la hermana = los hermanos
   (brother)   (sister)   (siblings)

   el amigo   y la amiga   = los amigos
   (male friend) (female friend)   (friends)

   The article has to be *los,* the masculine plural one, in every case.

VOCABULARIO

a at
  a menudo often
la **abuela** grandmother
el **abuelo** grandfather
los **abuelos** grandparents
el **aficionado** (sports) fan
agradecido, -a grateful
agradezco I am grateful
  (form of **agradecer**)
amable nice
el **amigo** friend
antes de before
el **año** year
aquí here
el **árbitro** referee
así that's the way
atractivo, -a attractive
el **balón** ball
básico, -a basic
la **bebida** drink
bondadoso, -a kind
bueno, -a good
cada each
la **cadena** chain
el **café** coffee
la **camarera** waitress
cansado, -a tired
el **capitán** captain
catorce fourteen
la **cocina** cooking, cuisine
el **coctel** cocktail
combinado, -a combined
  plato combinado several courses of a meal
    on one plate
comenzar to begin
comer to eat
la **comida** food
comprender to understand
con with
el **control** control
controlar to control
correr to run
la **cuñada** sister-in-law
el **cuñado** brother-in-law
defender to defend
defiende defends (form of **defender**)
descansar to rest

desde since
  desde luego of course
diecinueve nineteen
dieciocho eighteen
dieciséis sixteen
diecisiete seventeen
dividido (por) divided (by)
doce twelve
el **ejercicio** exercise
el the
en in
la **ensalada** salad
el **entusiasmo** enthusiasm
el **equipo** team
eres you are (form of **ser**)
escoger to select, choose
escribir to write
especialmente especially
la **esposa** wife
el **esposo** husband
excelente excellent
fácil easy
la **familia** family
famoso, -a famous
el **flan** caramel custard
la **fruta** fruit
la **fuente** fountain
fuerte heartily
ganar to win
la **gaseosa** soft drink
generoso, -a generous
el **gol** goal
las **gracias** thanks
el **grupo** group
me **gusta** I like
gustarse to like, enjoy
hacer to make, to do
el **hambre** hunger
la **hamburguesa** hamburger
hay there is, there are (form of **haber**)
el **helado** ice cream
la **hermana** sister
el **hermano** brother
los **hermanos** brothers and sisters
los **hijos** children (offspring)
el **hombre** man
hoy today

importante important
interesante interesting
el **jugador** player
las **the**
la **lectura** reading
la **leche** milk
leer to read
lo it
los the
luego then
la **madre** mother
la **mamá** mother
la **mano** hand
el **marido** husband
el **menú** menu
mexicano, -a Mexican
el **miembro** member
mientras while
mil thousand
millón million
el **minuto** minute
mucho, -a very much, a lot
la **mujer** woman, wife
multiplicado por multiplied by
la **nieta** granddaughter
el **nieto** grandson
los **niños** young children
norteamericano, -a American
once eleven
el **padre** father
los **padres** parents
el **papá** father
los **papás** parents
para for, in order to
el **pariente** relative
el **pedido** order
perder to lose
pero but
el **pie** foot
el **plato** dish
poner to put
popular popular
el **portero** goalie
el **postre** dessert
practicar to practice
la **pregunta** question
la **prima** cousin (female)
primero first
el **primo** cousin (male)

principal principal
la **propina** tip
pura pure
querer to want
quieren (they) want (form of **querer**)
quince fifteen
rápidamente rapidly
recibir to receive
redondo, -a round
repasar to review
el **restaurante** restaurant
rico, -a good, rich
salir to go out
la **selección** selection
ser to be
sois you (plural) are (form of **ser**)
somos we are (form of **ser**)
son you (plural) are, they are (form of **ser**)
la **sopa** soup
soy I am (form of **ser**)
la **suegra** mother-in-law
el **suegro** father-in-law
la **suerte** luck
la **táctica** tactic
tener to have, (to be)
  tener hambre to be hungry
tengo I have (form of **tener**)
la **tía** aunt
tienes you have (form of **tener**)
el **tío** uncle
típico, -a typical
todo everything
trabajar to work
traer to bring
trece thirteen
un a, an
una a, an
unas some
unos some
usar to use
valer la pena to be worth the effort
veinte twenty
veintiuno twenty one
venir to come
ver to see
¿verdad? right?
la **verdad** truth
la **vez** time
  a veces at times

DIÁLOGO
La patineta

ELBA:	Vamos a usar la patineta.
PRISCILA:	Pero, Elba, ¿cómo lo hago?
ELBA:	Voy a enseñarte.
PRISCILA:	¡Ten cuidado!
ELBA:	No hay problema. Al principio se va lentamente.

ELBA:	Voy a ser una experta.
PRISCILA:	Ahora me toca a mí. ¡Qué talento tengo!
ELBA:	¡Priscila, vas a caerte! ¡Ay, no!
PRISCILA:	¡Qué desastre! Tú eres la campeona de la patineta y no yo.

Preguntas sobre el diálogo

1. ¿Quién es la amiga de Priscila?
2. ¿Qué van a hacer?
3. ¿Quién le enseña a Priscila?
4. ¿Se va lentamente?
5. ¿Tiene talento Priscila?
6. ¿Quién es la campeona?

The Skateboard

ELBA:	Let's use the skateboard.
PRISCILA:	But Elba, how do I do it?
ELBA:	I'll teach you.
PRISCILA:	Be careful.
ELBA:	There's no problem. At the beginning you go slowly.

ELBA:	I'm going to be an expert.
PRISCILA:	Now it's my turn. What talent I have!
ELBA:	Priscila! You're going to fall down! Oh, no!
PRISCILA:	What a disaster! You're the skateboard champion, not me.

EXPRESIONES Y PALABRAS ÚTILES

Voy a ser…	I'm going to be…
¡Ten cuidado!	Be careful!
No hay problema.	There's no problem.
Me toca a mí.	It's my turn.
¡Qué desastre!	What a disaster!

SUPLEMENTO

1. Some of the typical ways of expressing agreement are:*

¡Claro que sí!	Of course!
¡Cómo no!	Of course!
Conforme.	Agreed.
Es cierto.	That's true.
Estoy de acuerdo.	I agree.
Es verdad.	That's true.
Desde luego.	Of course.
Por supuesto.	Of course.
Vale.	Agreed.
Ya lo creo.	I certainly believe it.

*See EJERCICIO ORAL 2 for practice.

2. Some words that are frequently used as adjectives include:*

a.	alto	tall
	bajo	short
b.	gordo	fat
	delgado	thin (flaco - skinny)
c.	joven	young
	viejo	old
d.	simpático	nice
	antipático	unfriendly
e.	triste	sad
	alegre	happy
f.	grande	big
	pequeño	small
g.	guapo, bonito	handsome, pretty
	feo	ugly
h.	fácil	easy
	difícil	hard, difficult
i.	inteligente	intelligent
	tonto	dumb
j.	interesante	interesting
	aburrido	boring
k.	bueno	good
	malo	bad

viejo   joven   gordo   delgada   alto   bajo   alegre   triste

*See EJERCICIO ESCRITO VI for practice.

3. La hora del día   The Time of Day*

¿Qué hora es?   What time is it?

In answering a question about the time of day, we normally use *son*.

Son las dos.	It's two o'clock.
Son las cinco.	It's five o'clock.

The exception is one o'clock. We say: *Es* la una.

Between the hour and half past, we normally use *y* before the minutes. For example:

Son las cuatro y veinte.	It's four twenty.
Es la una y cinco.	It's five past one.
Son las tres y diez.	It's three ten.

From half past to the next hour, we customarily employ *menos* before the minutes.

Son las tres menos veinte.	It's twenty to three.
Son las ocho menos cinco.	It's five to eight.

Do not forget that the feminine article is always used before the number indicating the hour. The feminine article is the singular form, *la,* used with *una* and the plural *las* used with all other numbers. There is no Spanish counterpart for the phrase "o'clock." "*At* five o'clock" is "*a las cinco.*"

The period of the day is expressed by the phrases *de la mañana, de la tarde,* and *de la noche*.

Son las cinco de la mañana.	It's five in the morning.
Es la una de la tarde.	It's one in the afternoon.
Son las nueve de la noche.	It's nine in the evening.

To say "on the dot," "sharp," or "exactly" Spanish uses *en punto*.

Son las diez en punto.

Son las cuatro en punto.

A "quarter" is *cuarto* and "half past" is *media*.

Son las siete y cuarto.	It's a quarter past seven.
Son las seis menos cuarto.	It's a quarter to six.
Son las once y media.	It's eleven thirty.
Es la una y media.	It's one thirty.

"Noon" is *el mediodía* and "midnight" is *la medianoche*.

*See EJERCICIO ORAL 1 and EJERCICIO ESCRITO I for practice.

Son las dos.

Es la una.

Son las tres y diez.

Son las cuatro y cuarto.

Son las cinco y media.

Son las seis menos cuarto.

La medianoche

El mediodía

EJERCICIOS DE PRONUNCIACIÓN

/r̄/ = trilled r The tip of the tongue taps the ridge behind the upper front teeth two or three times to make this sound.

At the beginning of a word, the written symbol is a single r. In medial position, it is rr.

rico	co**rr**e
roca (rock)	a**rr**ojar (to throw)
Ricardo	tie**rr**a (earth)
Ramona	pe**rr**o (dog)
Roberto	gue**rr**a (war)

Ricardo el rico corre rápidamente.
Ramona arroja las rocas.
La comida de Roberto es rica.

After l, n, and s the single r is also trilled.

En**r**ique (Henry)	al**r**ededor (around)
hon**r**a (honor)	is**r**aelí (Israeli)
en**r**ojecer (to blush)	des**r**azonable (unreasonable)

Es la honra de Enrique.
Enrojecer es un verbo.

EJERCICIOS ORALES

1. **Give the times in Spanish.**
   1:15 a.m.
   3:30 p.m.
   8:45 a.m.
   6:10 p.m.
   7:05 a.m.
   5:50 a.m.
   1:00 p.m.
   9:30 p.m.

2. **Respond to each statement with a different expression of agreement.**

   Example: *Elba es una muchacha guapa.* *¡Es verdad!*

   Estudio mucho.
   Soy simpático (-a).
   La vida es difícil.
   Me gusta el futbol.

3. **Put each sentence into the plural.**

   Example: *El hombre es alto.*
   Los hombres son altos.

   El jugador es simpático.
   El es gordo.
   La tía es fea.
   La familia es grande.
   El capitán es antipático.
   La camarera es delgada.
   La casa es vieja.
   El restaurante es pequeño.

4. **Use the correct form of** *ir.*
   Voy a comer mucho.   Voy a comer mucho.
   Marcos
   Tú
   ¿Quiénes
   Ud. y yo
   Uds.
   El Sr. Narváez

5. **Continue using the correct form of** *ir.*
   Vamos a correr.   Vamos a correr.
   Ellas
   Nosotros
   Yo

Rafael
Mónica y él
Tú

6. Answer with *hay* (meaning "there is" or "there are") and an appropriate response.

  Example: *¿Cuántos amigos están en casa?*   *Hay cinco amigos.*

¿Cuántos libros tenemos? *están eso. Hay dos libros*
¿Cuántas muchachas están aquí?
¿Cuántos jugadores hay en el equipo de futbol?
¿Cuántos parientes viven aquí? *Hay ocho.*

7. Use *se* with the verb and noun to describe what is generally done by people. Put the verb in the 3rd person singular form.

  Example: *hablar / español*

Se habla español.   (Spanish is spoken or people speak Spanish.)
estudiar / el libro
comer / el taco
practicar / el futbol
hacer / el ejercicio
usar / la patineta

8. Answer in the affirmative using the correct form of *ser* or *estar*, whichever is appropriate. There is only one speaker.

  Examples: *¿Yo? ¿De México?*   *Sí, soy de México.*
        ¿Ellos? ¿En casa?   *Sí, están en casa.*
        ¿Qué? ¿La una?
        ¿Ellos? ¿Primos?
        ¿Yo? ¿Norteamericano?
        ¿Mañana? ¿Lunes?
        ¿Mi papá? ¿Muy bien?
        ¿Usted y yo? ¿Hermanos?
        ¿Ellas? ¿Criadas?
        ¿Los señores? ¿Aquí?
        ¿Qué? ¿Las cinco?

9. Answer these questions with a complete sentence.

¿Qué hora es?
¿A qué hora es la clase?
¿Dónde estudias?
¿Eres el campeón?
¿Adónde vas?

VOCABULARIO CLAVE QUE VIENE

la **criada** maid
llamarse to be called
el **pueblo** town
indígena Indian
la **cocina** kitchen
la **hora** hour
el **día** day
preparar to prepare
el **desayuno** breakfast
el **jugo** juice
la **naranja** orange
la **docena** dozen

poner (la mesa) set (the table)
los señores husband and wife
desayunar to eat breakfast
entrar to enter
salir to leave
conseguir to obtain
lavar to wash
el **trabajo** work; job
limpiar to clean
el **piso** floor
la **escoba** broom

hacer (las camas) to make (the beds)
planchar (ropa) to iron (clothes)
una vez once
la **semana** week
finalmente finally
el **jardín** garden
cuidar to take care of
la **flor** flower
favorito, -a favorite

LECTURA 1
Micaela, la criada

La criada se llama Micaela. Ella es de un pueblo indígena en México. Trabaja en la casa de los Rodríguez en Cuernavaca. La cocina no es muy grande. Micaela trabaja normalmente ocho horas por día. Primero ella prepara el desayuno. Hace el jugo de naranja. También ella prepara unas tortillas — una docena de tortillas. Micaela trabaja mucho. Finalmente el desayuno está listo.

Micaela pone la mesa y trae la comida. La mesa está muy bonita. Los señores de la casa desayunan. Micaela entra con más comida y sale para conseguir más. Después Micaela lava los platos. Hay muchos platos pero el trabajo no es difícil. Luego ella limpia el piso. Usa la escoba. Es otro trabajo no muy difícil.

Micaela siempre trabaja. Ahora ella hace las camas. La vida de la criada no es fácil. Plancha ropa una vez a la semana. Ella plancha toda la ropa en cuatro horas. Finalmente Micaela sale al jardín. Cuida las flores. Es su trabajo favorito.

Preguntas sobre la lectura

1. ¿Cómo se llama la criada?
2. ¿Dónde trabaja ella?
3. ¿Qué prepara la criada?
4. Antes del desayuno, ¿qué hace la criada?
5. ¿Quiénes desayunan?
6. Después del desayuno, ¿qué hace Micaela?
7. ¿Qué usa ella para limpiar el piso?
8. ¿Por cuántas horas plancha Micaela la ropa?
9. ¿Cuál es el trabajo favorito de Micaela?
10. ¿Es fácil la vida de Micaela?

II. Redo the sentence using the subject in parentheses and making all necessary changes.

Example: El muchacho es bajo.
(Los árbitros)
Los árbitros son bajos.

1. La criada es joven.
   (Los señores)
2. El desayuno es bueno.
   (Las camas)
3. Las casas son feas.
   (La mesa)
4. La escoba es vieja.
   (La ropa)
5. El trabajo es aburrido.
   (Los libros)

III. Do you remember the Spanish for the following expressions?
1. That's true.
2. It's my turn.
3. Be careful.
4. Of course.
5. I agree.

IV. Convert the original verb into the *ir + a + infinitive* construction *(to be going to...).*

Example: Corro mucho.
Voy a correr mucho.

1. Salimos a menudo.
2. Hablan después.
3. Estás aquí.
4. Leo la lectura.
5. Practica mañana.
6. Tengo el menú.
7. Escogen el postre.
8. Traemos los platos.

V. F... **the correct form of** *ser* **or** *estar,* **whichever is appropriate.**

1. ...v Elena _____ de México.
2. ___ las cuatro de la tarde.
3. (Yo ___ la criada.
4. ¿Que _____?
5. ¿Dónd. ___ Cuernavaca?
6. Nosotros ___ en clase.
7. Hoy ella ___ triste. Normalmente _____ una muchacha alegre.
8. _____ un libi... ...cil.
9. ¿_____ (tú) aqu...

VI. **Give the antonym (the o... site) of each adjective.**

1. fácil _____
2. feo _____
3. pequeño _____
4. alegre _____
5. alto _____
6. gordo _____
7. viejo _____
8. antipático _____
9. interesante _____
10. tonto _____

VII. **Fill in the correct form of an appropriate verb from the list below. Use each verb once.**

Normalmente Micaela _____ el piso. Y ella _____ las camas. Luego _____ las flores. Después _____ la mesa.

Pero hoy Micaela no _____. El señor Rodríguez _____ la ropa y _____ los platos. Después de trabajar mucho, él y su esposa _____ a un restaurante. Los dos _____ Coca-Cola. ¡Es bueno descansar!

ir	cuidar
limpiar	planchar
tomar	hacer
estar	poner
lavar	

EL VOCABULARIO CLAVE QUE VIENE

la **bicicleta** bicycle
el **ciclismo** bicycling
España Spain
el **verano** summer
el **extranjero** foreigner
van (they) go
pasar por to pass through
la **montaña** mountain
caminar to walk
viajar to travel
ver to see
el **español** Spaniard
el **campo** countryside
descansar to rest
el **gusto** pleasure

el **ciclista** cyclist
la **bahía** bay
precioso, -a precious, beautiful
la **costa** coast
el **pescador** fisherman
coger to catch
el **pescado** fish
si if
reparar to repair
la **red** net
durante during
la **noche** night
poner to put
el **barco** boat
cerca del near the
el **muelle** dock
el **océano** ocean
impresionante impressive
la **vista** view

el **músico** musician
la **fiesta** party
el **estudiante** student
el **payaso** clown
el **público** public
fascinado, -a fascinated
la **hermosura** beauty
el **norte** north
el **método** method
agrícola agricultural
desde luego of course
el **tractor** tractor
algunos, -as some
el **campesino** farmer
todavía still
el **buey** ox

tanto so much
quieren (they) want
la **paella** a rice dish which includes seafood
algo something
descanso rest
visitar to visit
Castilla Castile
el **palacio** palace
el **lugar** place
admirar to admire
el **castillo** castle
poco a poco little by little
aprender to learn
la **costumbre** custom
español, -a Spanish

el **viaje** trip
la **catedral** cathedral
entonces then
echar una siesta to take a nap
mejor better
la **compañía** company
disfrutar to enjoy
juntos, -as together
la **ciudad** city
el **peregrino** pilgrim

Un castillo en la provincia de Segovia.

LECTURA 2
España en bicicleta

El ciclismo es importante en España. Cada verano unos extranjeros van en bicicleta por España. Los extranjeros pasan por las montañas grandes de España. A veces ellos caminan mucho. Mientras viajan, ellos ven a españoles. Los españoles trabajan en el campo. ¡Los ciclistas siempre descansan con gusto!

Los ciclistas ven bahías preciosas en la costa. Hay pescadores y ellos cogen pescado. Si no hay pescado, ellos no comen bien. A veces estos pescadores reparan las redes. Ellos usan las redes para coger pescado. Durante la noche los pescadores ponen los barcos cerca del muelle. El océano es impresionante. A menudo hay vistas preciosas.

Los ciclistas ven músicos en una fiesta. Los músicos son estudiantes. Otros estudiantes trabajan como payasos. Los estudiantes tienen un público fascinado. En el campo los ciclistas ven la hermosura del norte de España. También ven métodos agrícolas muy viejos. Desde luego, hay tractores pero algunos campesinos todavía usan bueyes.

Después de viajar tanto, los ciclistas quieren comer mucho. La paella es un plato popular. También ellos toman algo. El chocolate y la Coca-Cola son bebidas populares. Después de un descanso, los ciclistas salen otra vez. Visitan a Castilla. Ellos entran a un palacio cerca de Segovia. ¡Qué lugar más bonito! En Segovia ellos admiran El Alcázar, un castillo famoso. ¡Poco a poco los ciclistas extranjeros aprenden costumbres españolas!

En otro viaje, los ciclistas ven la famosa catedral de Santiago de Compostela. Y entonces ellos echan una siesta* después de tantas horas en bicicleta. Es mejor viajar a Santiago con un grupo de ciclistas. Hay compañía y todos los ciclistas disfrutan juntos en la ciudad de los peregrinos.

Preguntas sobre la lectura

1. ¿Cuándo van en bicicleta los extranjeros?
2. ¿Por dónde pasan los ciclistas?
3. ¿Qué cogen los pescadores?
4. ¿Para qué usan ellos las redes?
5. ¿Quiénes son los músicos?
6. ¿Qué hay en el campo?
7. ¿Qué comida es popular?
8. ¿Toman los ciclistas Coca-Cola?
9. ¿Qué admiran los ciclistas en Segovia?
10. ¿Por qué es mejor viajar con un grupo?

*echan una siesta they take a nap

REPASO

I. **Fill in the missing numbers. The numbers are in descending order.**
veinte, _____, dieciocho, _____, dieciséis, _____.
catorce, _____, doce, _____, diez, _____.

II. **First change the noun to the plural adding the article, and then create your own sentence.**

> *Example:* océano   *Los océanos son impresionantes.*

1. descanso
2. bicicleta
3. bebida
4. estudiante
5. ciclista

III. **Write a question. Use an interrogative word asking for the italicized information.**

1. Las señoras son *amables*.
2. El campo está *aquí*.
3. Son *los músicos*.
4. Soy de *California*.
5. Vamos *a las seis*.
6. Hay *veinte* estudiantes.

IV. **Fill in the correct form of the verb.**

1. _____ (Yo) (estar) enfermo. ¡Qué lástima!
2. _____ Los estudiantes (cuidar) a las hijas.
3. _____ Vosotros (tener) el pescado.
4. _____ (Yo) (poner) la mesa.
5. _____ Nosotras (descansar) aquí.
6. _____ Uds. (salir) a las nueve.
7. _____ Jorge y Pedro (trabajar) en casa.
8. _____ Ella y yo (ser) muy simpáticos.
9. _____ ¿(Preparar) (tú) la comida?
10. _____ ¿(Traer) Ud. las bebidas?
11. _____ Van a (leer) todo.
12. _____ ¿Cómo se (hacer)?

V. **Answer these questions with a complete sentence.**

1. ¿Te gusta el océano?
2. ¿Eres ciclista?
3. ¿Van a ir Uds. a España?
4. ¿Viaja Ud. mucho?
5. ¿Aprendes el español?
6. ¿Toman Uds. chocolate a veces?
7. ¿Vive Ud. cerca de las montañas?
8. ¿Están juntos los estudiantes?

RINCÓN DE CULTURA
A Sunday Afternoon

Metro signs point towards Chapultepec Park, the most important park in Mexico City. Public parks are a major place for relaxation in Mexican society. Many Mexicans spend Sunday afternoon in a park. In fact, the crowds are normally very large. A brief play put on in Chapultepec Park by some would-be professional actors may draw a large group of spectators. Another crowd pleaser is certain to be the toy vendor. For those interested in art, there is an art museum. The museum includes a collection of contemporary art. Occasionally children convert a piece of sculpture into a big toy.

On Sunday afternoons large numbers of people are found in all major sections of Chapultepec Park. This is not the case on weekdays. Many families walk towards "Reforma," a major street. There are always objects along the way to attract your attention. Balloon sellers do a lively business on weekends. Mexico has so many children and most of them find balloons irresistible. The balloons are bright and colorful.

Besides balloons, there are many other items on sale in the Park. Refreshments are especially popular. In addition to soft drinks, fruit juices are available. But even objects such as hats are sold in Chapultepec Park. Would you like to purchase a cloth donkey? You can find one on sale in the Park. Frequent visitors to Chapultepec Park know where the best buys are. The ice cream seller either pushes his wares or travels in a truck. A most successful business is that of the cotton candy-maker. Cotton candy — very unusual in Mexico — is enough in itself to encourage some lovers of food to be regular visitors to the Park.

A Sunday afternoon in Chapultepec Park.

LA GRAMÁTICA

I. Noun/Adjective Agreement

1. Adjectives, like articles, agree in gender (masculine or feminine) with the nouns they modify. Many adjectives end in -*a* when they modify a feminine noun and in -*o* when they modify a masculine noun.

   una patineta buen*a*
   (a good skateboard)

   un descanso buen*o*
   (a good rest)

2. Adjectives of nationality that end in a consonant add -*a* when they modify a feminine noun.

   un niño español
   (a Spanish boy)

   una niña español*a*
   (a Spanish girl)

3. With few exceptions, all other adjectives have the same masculine and feminine form in the singular.

   el plato grande
   (the big plate)

   la casa grande
   (the big house)

4. As is the case with all of the above examples, descriptive adjectives usually follow the noun they modify.

   el balón feo
   (the ugly ball)

5. As is true of nouns, adjectives ending in a vowel add -*s* to form the plural and those ending in a consonant add -*es*.

   el hombre viejo
   (the old man)

   los hombres viejo*s*
   (the old men)

   la criada joven
   (the young maid)

   las criadas jóven*es*
   (the young maids)

6. The interrogative word *cuánto* acts as an adjective because it agrees with the noun that follows it.

   ¿Cuántos libros?
   (How many books?)

   ¿Cuántas llamadas?
   (How many calls?)

II. *Ir* + *a* + *infinitive* — "to be going to"

By using the appropriate form of *ir* and following it with *a* and the *infinitive* of a verb, we can make references to the future.

Voy a comer aquí mañana.
(I'm going to eat here tomorrow.)

Vamos a estudiar después.
(We're going to study later.)

III. *Hay*

The third person singular form of *haber* is *hay* in the present tense. *Hay* is a frequently used verb which means "there is" or "there are."

Hay un jugador.	There's one player.
Hay cinco mesas.	There are five tables.

IV. An Important Use of *se*

1. *Se* and the third person singular verb form are used to express what is generally done. For example, *se* is combined with the third person singular form of *comer* as in the sentence *se come bien*. *Se come bien* means "one eats well," that is, "people eat well."

2. Another example is *se estudia el libro*. It literally means "the book studies itself." In other words, "people study the book."

3. If a plural noun follows the verb, then the verb is pluralized by adding an *-n*.

Se estudian los libros.	People study the books.*

V. *ser* versus *estar*

Present tense of *ser,* to be			Present tense of *estar,* to be	
(yo)	soy	*I am*	(yo)	estoy
(tú)	eres	*you are*	(tú)	estás
(usted) (él, ella)	es	*you are* *he, she, it is*	(usted) (él, ella)	está
(nosotros, -as)	somos	*we are*	(nosotros, -as)	estamos
(vosotros, -as)	sois	*you are*	(vosotros, -as)	estáis
(ustedes) (ellos, ellas)	son	*you are (plural)* *they are*	(ustedes) (ellos, ellas)	están

1. Spanish has two verbs for "to be." Each is used in specific situations. The simplest way to decide which verb is appropriate is to remember that *estar* is normally used: 1) when the sentence deals with *location* and 2) when the sentence refers to a *temporary state* or *condition* of a subject. In most other cases *ser* is used.

2. *estar*

   A. Location

¿Dónde *está* la Florida?	Where is Florida?
Ellas *están* aquí.	They are here.
Nosotros *estamos* en Madrid.	We are in Madrid.

*literally: the books study themselves

B. Condition (that may change)

¿Cómo *estás*? *Estoy* bien.	How are you? I'm fine.
Hoy él *está* guapo.	Today he is handsome. (Implies that he is usually not handsome.)

Do not forget that *estar* expresses the condition of the subject at a *particular time*.

3. *ser*

    A. Origin

SER

¿De dónde *es* Ud.?	Where are you from? (Where were you born?)
Soy de Guadalajara.	I'm from Guadalajara.
¿*Es* Ud. de los Estados Unidos?	Are you from the United States?
Sí, *soy* norteamericano.	Yes, I'm an American.

    B. Time and Days *p47 #48 + Days of week.*

SER

¿Qué hora *es*?	What time is it?
Son las seis.	It's six o'clock.
¿Qué día *es* hoy?	What's the day today?
Hoy *es* lunes.	Today is Monday.

    C. Condition (regular characteristic of subject)

SER

¿Quién *es*?	Who is it?
Ella *es* la camarera.	She's the waitress.
¡Cómo *es* él?	What is he like?
Es muy inteligente.	He's very intelligent.
Ella *es* bonita.	She is pretty.

Do not forget that *ser* expresses the normal or usual condition of the subject as to appearance, intelligence, etc. *characteral*

61

VOCABULARIO

a to
el **acuerdo** agreement
    Estoy de acuerdo. I agree.
admirar to admire
agrícola agricultural
al at the
alegre happy
algo something
algunos, -as some
alto, -a tall
antipático, -a unfriendly
aprender to learn
la **bahía** bay
bajo, -a short
el **barco** boat
la **bicicleta** bicycle
bonito, -a pretty
el **buey** ox
caerse to fall down
la **cama** bed
caminar to walk
el/la **campeón, -a** champion
el **campesino** farmer
el **campo** countryside
Castilla Castile
el **castillo** castle
la **catedral** cathedral
cerca de(l) near (the)
el **ciclismo** bicycle racing
el **ciclista** bicycle rider, cyclist
cierto certain
la **ciudad** city
claro of course
    ¡Claro que sí! Of course!
la **cocina** kitchen
coger to catch
como as
¡Cómo no! Of course!
la **compañía** company
conforme agreed
conseguir to obtain
la **costa** coast
la **costumbre** custom
creer to believe
la **criada** maid
el **cuarto** quarter

cuidado careful
cuidar to take care of
el **chocolate** cocoa
delgado, -a thin
el **desastre** disaster
el **desayuno** breakfast
después afterwards
difícil hard
disfrutar to enjoy
la **docena** dozen
durante during
echar to throw out
    echar una siesta to take a nap
en on, in
enseñar to teach
entonces then
entrar to enter
la **escoba** broom
España Spain
el **español** Spaniard
español, -a Spanish
el **espectador** spectator
estos, -as these
el **estudiante** student
el **experto** expert
el **extranjero** foreigner
fascinado, -a fascinated
favorito, -a favorite
feo, -a ugly
la **fiesta** party
finalmente finally
flaco, -a skinny
la **flor** flower
gordo, -a fat
grande big
guapo, -a handsome
el **gusto** pleasure
hago I do (form of **hacer**)
la **hermosura** beauty
la **hora** time, hour
impresionante impressive
indígena Indian, native
inteligente intelligent
el **jardín** garden
joven young
el **jugo** juice

juntos, -as together
lavar to wash
lentamente slowly
limpiar to clean
listo ready
el **lugar** place
malo, -a bad
la **mañana** morning
la **media** half past
la **medianoche** midnight
el **mediodía** noon
mejor better
la **mesa** table
el **método** method
la **montaña** mountain
el **muelle** dock
la **música** music
el **músico** musician
la **naranja** orange
la **noche** night
normalmente normally
el **norte** north
el **océano** ocean
otro, -a another
la **paella** a rice dish which includes seafood
el **palacio** palace
pasar por to pass through
la **patineta** skateboard
el **payaso** clown
pequeño, -a small
el **peregrino** pilgrim
el **pescado** fish
el **pescador** fisherman
el **piso** floor
planchar to iron
el **plato** plate
poco little
  poco a poco little by little
poner (la mesa) to set (the table)
por through, in
  por supuesto of course
precioso, -a precious, beautiful
preparar to prepare
el **principio** beginning
el **problema** problem
el **público** public
el **pueblo** town
el **punto** point
  en punto on the dot, sharp (time)

que than
quedar to remain
la **red** net
reparar to repair
la **ropa** clothes
salir to leave
se one, oneself, herself, etc.
la **semana** week
los **señores** husband and wife
si if
la **siesta** nap, rest
el **talento** talent
también also, too
tanto so much
tantos, -as so many
¡Ten cuidado! Be careful!
tocarse to be one's turn
todavía still
todo, -a all
tomar to drink, take
tonto, -a dumb
la **tortilla** tortilla (Mexican)
el **trabajo** job, task
el **tractor** tractor
triste sad
vale agreed
vamos a we're going to (form of **ir** + **a**)
viajar to travel
el **viaje** trip
la **vida** life
viejo, -a old
visitar to visit
la **vista** view
ya already
  ¡Ya lo creo! I certainly believe it!

2. Los meses del año (the months of the year)*

enero	January
febrero	February
marzo	March
abril	April
mayo	May
junio	June
julio	July
agosto	August
se(p)tiembre	September
octubre	October
noviembre	November
diciembre	December

3. Los días de la semana (the days of the week)*

lunes	Monday
martes	Tuesday
miércoles	Wednesday
jueves	Thursday
viernes	Friday
sábado	Saturday
domingo	Sunday

Note that both the months and days are not capitalized in Spanish. Also the first day of the week in Spanish is *lunes*. The days of the week are masculine: *el lunes, el martes,* etc. "Mondays" would be *los lunes*. To say "we go *on Mondays*," a Spanish speaker says *vamos los lunes*.

*See EJERCICIO ORAL 1 and EJERCICIO ESCRITO 8 for practice.

4. Affirmative and Negative Words

Affirmative		**Negative**	
algo	something	nada	nothing, not anything
todo	everything, all		
alguien	someone, anyone	nadie	no one, not anyone
todo el mundo, toda la gente	everyone		
todos(-as)	all		
alguno(s), -a(s)	some, someone, any	ninguno, -a	no, none, not any, no one, not anyone, neither one
una vez	once	nunca	never, not ever
a veces, algunas veces	sometimes		
siempre	always		
también	also	tampoco	neither, not either

Do not forget that words such as *nadie* and *ninguno* are singular and are used with a verb in the singular form.

Nadie estudia.	No one studies.
Ninguno va.	No one is going.

Of those words that can function as nouns, the ones that have a plural form are *algunos (-as)* and *todos (-as)*.

Algunos estudian.	Some study.
Todos van.	All are going.

5. Stem-changing verbs: e → ie

Example: *querer* – to want

(yo)	quiero
(tú)	quieres
(Ud., él, ella)	quiere
(nosotros, -as)	queremos
(vosotros, -as)	queréis
(Uds., ellos, ellas)	quieren

Other verbs that follow the above pattern are:

cerrar	to close
comenzar	to begin
empezar	to begin
pensar	to think
preferir	to prefer
sentir	to feel sorry
tener*	to have
venir*	to come

*As you know, *tener* and *venir* have the irregular first person forms *tengo* and *vengo* respectively.

EJERCICIOS DE PRONUNCIACIÓN

/y/ Both *y* and *ll* represent the same sound in most dialects of Spanish. Both symbols can represent the first sound in "yes."

llora (to cry)	ha**ll**ar (to find)
llenar (to fill)	ca**ll**e (street)
llave (key)	casti**ll**o
yo	ma**y**o
llanta (tire)	

Lloro en la calle cerca del castillo.
Hallo la llave en mayo.
Llenamos la llanta con aire.

EJERCICIOS ORALES

1. **Give the days and months that are missing in the correct order.**

   lunes, martes, _____, _____, _____, _____, _____.

   enero, _____, _____, _____, _____, _____, _____, _____, _____,
   _____, _____, _____.

   Los meses del verano son _____, _____, _____.

2. Prefiero ese balón.   Prefiero ese balón.
   Uds.
   Josefina
   Arturo y yo
   Tú
   Nosotras
   Yo

3. ¿Vienen ellos?   ¿Vienen ellos?
   Los estudiantes
   La camarera
   El jugador
   Ella y yo
   Tú
   Uds.

4. No tengo la red.   No tengo la red.
   Gregorio y Esteban
   Tú
   Ella
   Ud.
   Rubén
   Nosotras

5. ¿Comienza él?   ¿Comienza él?
   Margarita
   Nosotros
   Cristina y él
   Tú
   Yo
   Uds.

6. **Convert the infinitive to the present participle. Remember that the participle in Spanish is the equivalent of -*ing* in English (talking, eating, etc.)**

      Example: *comer*   *comiendo*

hacer
vivir
poner
coger
correr

7. **Continue converting the infinitive to the present participle.**

      Example: *tomar*   *tomando*

cerrar
empezar
enseñar
practicar
mirar

8. **Practice using the present progressive.**

El siempre está comiendo.   *El siempre está comiendo.*

Yo
Tú
Ella
Ud.
Las señoritas
Nosotros
Antonio y Roberto

9. **Continue using the present progressive.**

Ellos están hablando ahora.   *Ellos están hablando ahora.*

Tú
Uds.
Luisa y yo
¿Quiénes
Yo
Jorge
Las criadas

10. **Imitate the example and give the appropriate form of the demonstrative adjective.**

> **Example:** *balón   este balón*

plato
deportes
cesta
hermanas
jugador
comidas

11. **Supply the correct demonstrative adjective.**

> **Example:** *partido   ese partido*

llamada
campeonas
restaurante
ejercicios
familias
propaganda

12. **Give a negative that is the opposite of the original word.**

> **Example:** *todo   nada*

siempre
algunos
algo
todo
alguien
todos

13. **Put the sentences into the negative using a single negative word in each sentence.**

> **Example:** *Todos van.   Nadie va.*

Algo quieren.
Alguien vive.
Todo el mundo estudia.
Algunos tienen hambre.
Todo está rico.

14. **Answer the questions with a complete sentence.**
    ¿Qué prefieres? ¿El futbol o el baloncesto?
    ¿Qué día es hoy?
    ¿Con qué mes comienza el año? ¿Febrero?
    ¿Estás comiendo?
    ¿Qué día es mañana?
    ¿Están Uds. jugando futbol?
    ¿Qué hacen Uds.?

VOCABULARIO CLAVE QUE VIENE

la **propaganda** advertising
el **negociante** businessman
el **anuncio** ad(vertisement)
muchas veces many times
la **importancia** importance
el **producto** product
de vez en cuando once in a while
dar to give
el **precio** price
el **cartel** billboard
por todas partes everywhere
aun even
la **revista** magazine
hacer propaganda to advertise
por supuesto of course

el **centro comercial** shopping center
el **letrero** sign
el **nombre** name
el **negocio** business
más y más more and more
la **gente** people
las **afueras** suburbs

el **exceso** excess
la **persona** person
piensan (they) think
necesario, -a necessary
informar to inform
de todos modos in any case
vender to sell
la **alberca** swimming pool
el **médico** doctor
anunciar to announce
regularmente regularly
el **descuento** discount

la **influencia** influence
evidente evident
especialmente especially
los **Estados Unidos** United States
la **sastrería** tailor shop
la **oración** sentence
completo, -a complete
el **inglés** English
el **ejemplo** example
el **mundo** world
habla inglesa English-speaking
ambos, -as both
el **español** Spanish

describir to describe
el **servicio** service
ofrecer to offer
el **tipo** type
útil useful
porque because
la **información** information
comprar to buy
el **almacén** department store
la **imitación** imitation
parecerse to be like
además besides
la **tarjeta** card
el **crédito** credit
ir de compras to go shopping

después afterwards

Hay propaganda en todas partes.

LECTURA 1
La propaganda

Los negociantes usan muchos anuncios. Muchas veces los anuncios hablan de la importancia del producto. De vez en cuando* estos anuncios dan los precios del producto. Los carteles están por todas partes**. Aun las revistas hacen propaganda. Por supuesto hay carteles para la famosa Coca-Cola.

Los centros comerciales tienen letreros; estos letreros dan los nombres de todos los negocios en el centro. En México hay más y más centros comerciales. La gente que vive en las afueras de la ciudad va a los centros comerciales.

¿Hay un exceso de propaganda? Algunas personas piensan que sí. Otras personas piensan que la propaganda es necesaria para informar al público. De todos modos*** hay negocios que venden albercas. Otros negocios venden materiales para médicos. Casi todos los negocios regularmente anuncian descuentos.

La influencia extranjera es evidente en México. Se ve especialmente la influencia de Estados Unidos. *Henry's* es una sastrería y *Shakeys* es un negocio de pizza. *Kings' Pub Steak House* está en la Ciudad de México. Algunos carteles tienen oraciones completas en inglés. Otros ejemplos de la influencia del mundo de habla inglesa son *Fab* y *Kellogs*. Ambos productos se venden en México. *VIPS* es una cadena de restaurantes. El nombre viene del inglés, no del español. *VIPS* es "very important persons".

A veces el anuncio describe el servicio que ofrece el negocio. Este tipo de anuncio es útil porque da información al público. Muchas compañías mexicanas compran y venden a compañías extranjeras. Hay almacenes grandes de descuentos en México. Estos almacenes siempre hacen propaganda. Los almacenes grandes son imitaciones de negocios en Estados Unidos. La plaza típica se parece a un "shopping mall". Además, los almacenes grandes ofrecen tarjetas de crédito.

¿Quiere Ud. ir de compras? Después compramos unos helados.

*De vez en cuando... Once in a while...
**...por todas partes. ...everywhere.
***De todos modos... In any case... .

Preguntas sobre la lectura

1. ¿Quiénes usan muchos anuncios?
2. ¿Dónde están los carteles?
3. ¿Qué información dan los letreros en los centros comerciales?
4. ¿Quiénes van a los centros comerciales?
5. ¿Qué anuncian regularmente los negocios?

6. ¿Cuáles son algunos ejemplos de la influencia del inglés en México?
7. ¿Qué es VIPS?
8. ¿Cómo son los almacenes grandes?
9. ¿Quiénes le ofrecen al público las tarjetas de crédito?
10. ¿Hay mucha propaganda en México?

Se venden muchos productos.

EJERCICIOS ESCRITOS

I. **Rearrange the words to form meaningful sentences and put the verb in the appropriate form.**
  1. /preferir / ellos / las comidas/
  2. /eso / tú / querer/
  3. /tener / Uds. / hambre / siempre/
  4. /los negociantes / a menudo / venir/
  5. /y / Ana / cerrar / yo / el negocio/
  6. /preferir / extranjeros / (yo) / los productos/
  7. /la comida / querer / nosotras / ¿Cuándo/
  8. /libro / pensar / ¿Qué / del / tú/
  9. /mucho / lo / (yo) / sentir/

II. **Use the present progressive construction.**
  > ***Example:*** *Estudio.   Estoy estudiando.*

  1. Jugamos bien.
  2. Hacen demasiado.
  3. ¿Usas la patineta?
  4. Cuido a los primos.
  5. ¿Quiénes viven aquí?
  6. Como los tacos.
  7. ¿Trabaja ella?
  8. Uds. miran el menú.
  9. Corres ahora.

III. **Do you remember the Spanish for the following expressions?**
  1. It's better than nothing.
  2. I'm sorry.
  3. Look at me.
  4. This is the way it's done.
  5. Some ads are good.

IV. **Write in the correct demonstrative.**
  1. _____ (That) libro es fácil.
  2. _____ (Those) ciudades son bonitas.
  3. _____ (These) productos son buenos.
  4. _____ ¿Qué es (this)?
  5. _____ Queremos (those) helados.
  6. _____ ¿Tomas (these) revistas?
  7. _____ (That) no es nada.
  8. _____ ¿Quién es (that) muchacha?

V. Redo the sentence using the new subject in parentheses and making all necessary changes. Be especially careful with the demonstrative adjectives (este, ese, etc.).

1. Estos letreros dan los nombres.
   (compañía)
2. Esos negocios anuncian descuentos.
   (negociante)
3. Este centro comercial tiene letreros.
   (almacenes)
4. Esa gente vive en las afueras.
   (personas)
5. Estas plazas son grandes.
   (cartel)

VI. Fill in an appropriate word from the list.

Los productos _____ son populares en México. Kodak es un nombre _____. Pero el _____ más famoso es la Coca-Cola. ¿Toma _____ Coca-Cola? ¿O prefiere Seven-Up? También se _____ Seven-Up en México.

Las _____ norteamericanas ganan mucho dinero en España, Colombia, etc. Pero hay más y más compañías extranjeras en _____. ¿Qué _____ Ud. de todo esto?

Estados Unidos	extranjeros
producto	famoso
Ud.	toma
piensa	compañías

VII. Answer twice, first with a simple negative, then with a double negative.

> *Example:* *¿Quiénes están aquí?*
> *Nadie está aquí.*
> *No está nadie.*

1. ¿Quién llama a menudo?
2. ¿Qué comen ellas?
3. ¿Quiénes estudian mucho?
4. ¿Cuándo hablan Uds.?
5. ¿Qué hace él?
6. ¿Cuándo tomas Coca-Cola?

VIII. Answer these questions with a complete sentence.

1. ¿Cuáles son los meses del otoño?
2. ¿Estás jugando baloncesto?
3. ¿Cuál es tu día favorito? ¿Por qué?
4. ¿Cuándo no tenemos clase? ¿Los lunes?

5. ¿Estás lavando el libro?
6. ¿Qué estación prefieres?
7. ¿En qué meses dan las clases?
8. En español, ¿con qué día comienza la semana?
9. ¿Cuáles son los meses de la primavera?

VOCABULARIO CLAVE QUE VIENE

la **compra** purchase
el **mercado** market
el **tomate** tomato
el **comestible** foodstuff
admirar to admire
enorme huge
ayudar to help
rojo, -a red
el **valle** valley
mirar to look at
la **lechuga** lettuce
con cuidado with care
decidir to decide
la **sandía** watermelon
buscar to look for
la **imperfección** imperfection
el **proceso** process
revisar to inspect

el **plátano** banana
maduro, -a ripe
verde green
barato, -a cheap
el **trópico** tropics
cocido, -a cooked
usualmente usually
cocinar to cook
la **piña** pineapple
por lo menos at least
la **riqueza** wealth
desear to wish, desire
el **melón** mellon

preguntar to ask
cuestan (they) cost
la **vendedora** (female) vendor
pide (she) asks

el **cliente** client
la **variedad** variety
el **cereal** cereal
el **maíz** corn
cubrir to cover
el **sol** sun
tan so
fuerte strong

Un mercado en Mérida, México.

LECTURA 2
La compra

En el mercado hay tomates y otros comestibles. Judit, Daniel y Rubén visitan el mercado. Ellos admiran los tomates enormes. Judit escoge algunos. Rubén le* ayuda a Judit. Los tomates rojos se llaman jitomates en el Valle de México. Ahora Judit mira la lechuga. Estudia la lechuga con cuidado pero finalmente ella decide no comprar lechuga hoy. Luego Judit, Daniel y Rubén ven la sandía. Daniel busca imperfecciones en la sandía. El quiere una sandía perfecta. Siempre hay un proceso de revisar los comestibles antes de comprar.

Además de los tomates, la lechuga y la sandía, se venden flores. Judit pregunta: "¿Cuánto cuestan las flores?". La vendedora pide muy poco. Judit compra una docena.

Hay muchos clientes en el mercado. Y se vende una gran variedad de productos. Por ejemplo, se venden cereales de diferentes tipos. El maíz es el producto agrícola más importante. Se cubren los negocios porque el sol es tan fuerte.

¡Qué variedad de plátanos! Algunos están maduros; otros están verdes. Es una fruta popular y barata en el trópico. Los plátanos se comen cocidos o, usualmente, sin cocinar. Otro producto popular es la piña. Judit y otros clientes compran una por lo menos**. ¡Qué riqueza natural! ¿Desea Ud. un melón?

le (her) refers to Judit.
**...*por lo menos.* ...at least.

Preguntas sobre la lectura

1. ¿Quiénes visitan el mercado?
2. ¿Cómo se llaman los tomates rojos en el Valle de México?
3. ¿Qué busca Daniel en la sandía?
4. ¿Pide mucho la vendedora?
5. ¿Cuál es el producto agrícola más importante?
6. ¿Por qué se cubren los negocios?
7. ¿Cómo son los plátanos?
8. ¿Se cocinan los plátanos?
9. ¿Qué desea Ud.?

Se vende lechuga en el mercado (Ávila, España).

REPASO

I. La hora

1. ¿A qué hora es la clase de español?
2. ¿Qué hora es?
3. ¿A qué hora comienzan las clases por la mañana?
4. ¿A qué hora se desayuna?
5. ¿A qué hora sales con ella?

II. Write out the times in Spanish.

1. 8:50 p.m.
2. 12:00 a.m.
3. 4:30 p.m.
4. 6:00 p.m. exactly
5. 1:15 a.m.

III. Give the correct form of *ser* or *estar*, whichever is appropriate.

1. El _____ aquí.
2. Hoy nosotros _____ aburridos.
3. ¿De dónde _____ ellos?
4. Uds. siempre _____ amables.
5. ¿A qué hora _____ el partido?
6. ¿_____ (tú) comiendo ahora?
7. Nueva York _____ en Estados Unidos.
8. ¿_____ la una?

IV. Write a short composition of eight sentences, using at least six different verbs, about your activities tomorrow.

V. Answer these questions with a complete sentence.

1. ¿Buscas a Micaela?
2. ¿Piensan Uds. muy poco?
3. ¿Es barato el melón aquí?
4. ¿Dónde se vende la sandía?
5. ¿Compras lechuga a veces?
6. ¿Qué quieren Uds.? ¿Un plátano?
7. ¿A quién admiras?

RINCÓN DE CULTURA
In the Park

At times in Chapultepec Park, it seems as if there were a vendor every few feet. There are so many items from which to choose! Soccer balls and umbrellas are among the items on sale. A tourist cannot help but be impressed by how much business is being conducted in Chapultepec Park. However, there is also a zoo for animal lovers. One of the special attractions is the area reserved for parrots.

Green fields are used for volleyball, soccer, and picnicking. Not far away is an impressive sight, namely, Chapultepec Castle. Chapultepec Castle is a palace, built by the colonial government, which is of great historical importance. After walking through sections of this enormous park, a few moments of rest are in order. Even in such a beautiful place, you cannot escape reminders of poverty. The poorest citizens find the high-priced Coke an expensive item — one that is far beyond their means.

Chapultepec Park has its own lake. It is one of the few lakes that is easily accessible to the public in the Mexico City area. The setting is very pleasant. Even the birds themselves are an attraction. Boating is popular! Rowboats are sometimes used by those out on a date. Rowing does require some skill. This is especially true when the lake is filled with boats. The lake can be the scene of serious traffic jams. These traffic jams remind us of the traffic on Mexico City's busiest streets. Near collisions are rather common. In spite of all the selling and the congestion, Chapultepec Park can be greatly enjoyed, particularly when you are in the company of your friends.

LA GRAMÁTICA

I. Stem-changing Verbs: *e* → *ie*

In the present tense there are a number of verbs whose stem vowel changes from *e* to *ie* in certain forms. This stem change takes place only when the stem is stressed, that is, accented in speech. Consequently, the change does not occur in the infinitive and the *nosotros* and *vosotros* forms. See the SUPLEMENTO for a list of some stem-changing verbs of this type.

pensar — to think

(yo)	p*ie*nso
(tú)	p*ie*nsas
(usted) (él, ella)	} p*ie*nsa
(nosotros, -as)	p*e*nsamos
(vosotros, -as)	p*e*nsáis
(ustedes) (ellos, ellas)	} p*ie*nsan

II. The Present Progressive Construction

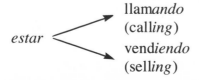

estar

llam*ando*
(call*ing*)
vend*iendo*
(sell*ing*)

1. In Spanish the present progressive consists of a form of *estar* plus the present participle. The present participle is a combination of the verb stem and *-ando* for *-ar* verbs and *-iendo* for *-er* and *-ir* verbs. *Hablando, comiendo,* and *escribiendo* are examples. The *-ando* and *-iendo* endings are the equivalent in English of "-ing." Therefore, our examples are *talking, eating,* and *writing.*

2. Only *estar* agrees with the subject; the *-ando* and *-iendo* forms never change.

Estoy hablando ahora.	I'm talking now.
Estás comiendo mucho.	You're eating a lot.
Ella está escribiendo todo.	She's writing everything.

3. What we have then in the present progressive construction is a form of *estar* plus a verb in the *-ando* or *-iendo* form. This is similar to the present progressive construction in English which combines a form of the verb "to be" and a verb in the *-ing* form.

Estamos jugando bien.	We *are playing* well.
Están trabajando aquí.	They *are working* here.

4. In Spanish the present progressive is used only to refer to an action in progress at the moment of speaking. Unlike English, Spanish never uses the present progressive to refer to a future event. "I'm going out tomorrow" is NOT *estoy saliendo mañana.* (It is either *salgo mañana* or *voy a salir mañana.*) Minimize your use of the present progressive construction in Spanish. In most cases the present tense is what a Spanish speaker uses, not the present progressive. Do not forget that the action has to be going on *at the moment of speaking* in order to use the present progressive construction.

III. Demonstratives

1. **Demonstrative Adjectives**

	this	**these**	**that**	**those**
masculine	este	estos	ese	esos
feminine	esta	estas	esa	esas

a. *Aquel* (m. sing.), *aquella* (f. sing.), *aquellos* (m. pl.), and *aquellas* (f. pl.) constitute a third set of demonstrative adjectives. This third set implies greater distance from BOTH speaker and hearer than does the *ese, esa, esos,* and *esas* set. Learn the latter for "that" and "those" because *aquel, aquella,* etc. are used less often.

b. *Demonstrative Adjectives* precede the noun and must agree with it. Note that the masculine singular forms are "est*e*" and "es*e*."

este hijo	estos hijos
(this son)	(these sons)
ese hijo	esos hijos
(that son)	(those sons)

esta hija	estas hijas
(this daughter)	(these daughters)
esa hija	esas hijas
(that daughter)	(those daughters)

2. **Demonstrative Pronouns**

este mercado y *ése*	this market and *that one*
esas ciudades y *éstas*	those cities and *these*
¿Qué cartel prefieres, *éste* o *ése*?	What billboard do you prefer, *this one* or *that one?*

a. At times Spanish demonstratives are used without a following noun. In such instances they serve as *demonstrative pronouns*. Demonstrative pronouns in English are "these" and "those" in the plural and "this one" and "that one" in the singular. Note that Spanish demonstratives are never followed by *uno*.

b. There is a written accent on the stressed syllable of *demonstrative pronouns* (the demonstratives not followed by a noun). This is the only difference in writing between the demonstrative adjectives and demonstrative pronouns. The accent reflects no change in pronunciation. It is a way of distinguishing the adjective from the pronoun.

3. **Neuter Demonstratives**

¡*Esto* es increíble!	*This* is incredible!
¿Qué es *eso*?	What is *that*?

The *neuter demonstratives esto* and *eso* do not modify a noun. Therefore, they never change for number (singular/plural) and gender (masculine/ feminine). *Esto* and *eso* refer to situations, actions, etc. for which no particular noun exists (as in our first example) and to things, never people, that are identified by a particular noun only *later* in the conversation, if at all (see our second example).

IV. Negative Words

1. Negative words are used either before or after the verb. If they follow the verb, the verb must be preceded by *no* or another negative word.

Nadie va	**or**	*No* va *nadie.*	No one's going.
Nada me gusta	**or**	*No* me gusta *nada.*	I don't like anything.
Tampoco leo	**or**	*No* leo *tampoco.*	I don't read either.

"Double negation" is common in Spanish. In "double negation" two negatives are used in the same sentence. It usually occurs when *no* precedes the verb and another negative follows that verb.

2. When *no* precedes the verb, no other negative word may do so. However, several negative words other than *no* may precede the verb.

Nadie nunca va.	No one ever goes.

3. See the SUPLEMENTO for a list of the most important negative (and affirmative) words.

VOCABULARIO

abril April
además besides
además de besides
las afueras suburbs
agosto August
ahora now
la alberca swimming pool
alguien someone
algunas veces sometimes
el almacén store
ambos, -as both
anunciar to announce
el anuncio advertisement
aun even
ayudar to help
el baloncesto basketball
barato, -a cheap
buscar to look for
el cartel billboard
casi almost
el centro center
el cereal cereal
cerrar to close
la cesta basket
el cliente client
cocido, -a cooked
cocinar to cook
coger to catch
comenzar to begin
comercial commercial
el comestible foodstuff
la compañía company (business)
completo, -a complete
la compra purchase
    ir de compras to go shopping
comprar to buy
costar to cost
el crédito credit
cubrir to cover
cuestan cost (form of costar)
cuidado care
dar to give
decidir to decide
demasiado too much
el deporte sport
describir to describe
el descuento discount

desear to wish
diciembre December
diferente different
el domingo Sunday
el ejemplo example
    por ejemplo for example
empezar to begin
enero January
enorme enormous
ese, -a that
eso that
esos, -as those
la estación season
los Estados Unidos United States
este, -a this
esto this
estos, -as these
evidente evident
el exceso excess
extranjero, -a foreign
febrero February
fuerte strong
la gente people
gran great
el habla speech
    de habla inglesa English-speaking
la imitación imitation
la imperfección imperfection
la importancia importance
imposible impossible
la influencia influence
la información information
informar to inform
el inglés English (language)
inglés, -a English
el invierno winter
el jitomate red tomato
el jueves Thursday
la jugada play (in sports)
jugar to play
julio July
junio June
le her
la lechuga lettuce
el letrero sign
maduro, -a mature
el maíz corn

marzo March
más more, most
la material material
mayo May
el médico doctor
el melón mellon
el mercado market
mi my
el miércoles Wednesday
¡Mírame! Look at me!
mirar to look
el modo way
    de todos modos in any case
muchos, -as many
el mundo world
nada nothing
nadie no one
natural natural
necesario, -a necessary
el negociante businessman
el negocio business
ninguno, -a no one, not any
el nombre name
noviembre November
nunca never
octubre October
ofrecer to offer
la oración sentence
el otoño autumn
para for, in order to
parecerse to seem like
la parte part
pedir to ask for
pensar to think
perfecto, -a perfect
la persona person
pide asks for (form of pedir)
piensan you (plural), they think (form of pensar)
la piña pineapple
la pizza pizza
el plátano banana
la plaza plaza
por lo menos at least
porque because
por todas partes everywhere
el precio price
preferir to prefer
preguntar to ask

la primavera spring (season)
el proceso process
el producto product
la propaganda advertising
el público public
pues well
que than, that
querer to want
quiero I want (form of querer)
quitar to take away
el rebote rebound
regularmente regularly
revisar to inspect
la revista magazine
la riqueza wealth
rojo, -a red
el sábado Saturday
la sandía watermelon
la sastrería tailor shop
sentir to feel sorry
se(p)tiembre September
el servicio service
siento I'm sorry (form of sentir)
sin without
el sol sun
tampoco neither
la tarjeta card
el tipo type
toda la gente everyone
todo el mundo everyone
todos everyone
el tomate tomato
el trópico tropics
usualmente usually
útil useful
el valle valley
la variedad variety
el/la vendedor, -a seller
vender to sell
el verano summer
verde green
la vez time (as in instance)
    de vez en cuando once in a while
el viernes Friday

5

DIÁLOGO
La merienda

ALFREDO: A menudo la comida mexicana es muy picante.
RICARDO: Sí, Alfredo. A veces los chiles casi me enferman.
SUSANA: ¡Por lo menos este restaurante está cerca del hospital!
ALFREDO: ¡No exageres! Hay que acostumbrarse a la comida.
RICARDO: ¡Claro que sí! Y hay platos que no son picantes.

ALFREDO: De todos modos debes tomar mucha agua.
RICARDO: Así lo hago.
ALFREDO: Y no debes escoger platos muy picantes.
SUSANA: El problema es saber cuándo un plato es picante.
ALFREDO: Bueno, siempre se le puede preguntar al camarero.
RICARDO: Pero según él, ¡todos los platos son blandos!

Preguntas sobre el diálogo

1. A menudo, ¿cómo es la comida mexicana?
2. ¿Dónde está el restaurante?
3. ¿A qué hay que acostumbrarse?
4. Según Alfredo, ¿qué se debe tomar?
5. Según Susana, ¿qué es difícil saber?
6. ¿Quién piensa que todos los platos son blandos?

The Snack

ALFREDO: Often Mexican food is very spicy.
RICARDO: Yes, Alfredo. At times the hot peppers almost make me sick.
SUSANA: At least this restaurant is near the hospital!
ALFREDO: Don't exaggerate! You have to get used to the food.
RICARDO: Of course! And there are dishes that are not spicy.

ALFREDO: In any case, you should drink a lot of water.
RICARDO: That's what I do.
ALFREDO: And you shouldn't pick spicy dishes.
SUSANA: The problem is knowing when a dish is going to be spicy.
ALFREDO: Well, you can always ask the waiter.
RICARDO: But, according to him, all the dishes are mild!

EXPRESIONES Y PALABRAS ÚTILES

A menudo…	Often…
A veces…	At times…
Por lo menos…	At least…
¡No exageres!	Don't exaggerate!
¡Claro que sí!	Of course; certainly!
De todos modos…	In any case…
Hay que…	It's necessary to…
No debes…	You shouldn't…
Según él…	According to him…

¡No exageres!

SUPLEMENTO

1. Los números:*

30 = treinta
40 = cuarenta
50 = cincuenta
60 = sesenta
70 = setenta
80 = ochenta
90 = noventa
91 = noventa y uno
92 = noventa y dos...

2. Verbs that change in the stem from *o* to *ue*, except in the *nosotros* and *vosotros* forms, include:

contar	to count; to tell
costar	to cost
devolver	to return, to give back
encontrar	to find
morir(se)	to die
mostrar	to show
mover	to move
poder	to be able, can
recordar	to remember
soñar	to dream
volver	to return, to go back
jugar (u → ue)	to play

Example: *volver*

(yo)	vuelvo
(tú)	vuelves
(usted) (él, ella)	vuelve
(nosotros, -as)	volvemos
(vosotros, -as)	volvéis
(ustedes) (ellos, ellas)	vuelven

costar

jugar

soñar

*See EJERCICIO ORAL 12 and EJERCICIO ESCRITO V for practice.

3. *Saber* and *conocer* both mean "to know" but these two verbs are used in different contexts. *Saber* is used to express knowledge of specific facts while *conocer* is used to show that you are acquainted with someone or some place. A more detailed explanation of the differences between the two verbs, along with examples, is given in the grammar at the end of the chapter.

It is important to remember that both *saber* and *conocer* are irregular in the first person form of the present tense. *Saber* has the form (yo) *sé* and *conocer* has the form (yo) *conozco*.

4. An infinitive may be used after the following verbs (here listed in the first person form except for *gusta*):

Debo		I should, must	
Me gusta		I like	
Prefiero	estudiar	I prefer	(to) study
Puedo		I can	
Quiero		I want	
Sé		I know (how)	

Conozco a Carmen. ¡Yo lo sé! Me gusta estudiar.

EJERCICIOS DE PRONUNCIACIÓN

/h/ This symbol represents the *j* in all cases and the *g* found before *e* and *i*, as in *gente* and *cogió*. The initial sound of English *hat, hit* and *house* is similar to the Spanish *j* in *junto,* the *g* of *gente,* and the *x* of *México.* A stronger sound than this one is used in some Spanish-speaking areas.

gente	me**x**icano
co**g**er	traba**j**ar
me**j**or	**j**untos
tra**j**e (suit)	**j**ugar
joven	hi**j**o
genio (genius)	

Los dos trabajan juntos.

Estas jóvenes son genios.

La gente mexicana es así.

EJERCICIOS ORALES

1. Ellos cuentan todo.   Ellos cuentan todo.
   Tú
   Nosotras
   Isidro
   Los Rodríguez
   Tú y yo
   Uds.

2. Nosotros movemos los platos.   Nosotros movemos los platos.
   Ud. y yo
   Pancho
   Uds.
   Tú
   Yo
   Luisa y Pepe

3. Vuelvo a las seis.   Vuelvo a las seis.
   Pablo
   Isabel y él
   Tú
   Julia y yo
   Uds.
   Los amigos

4. Puedo escribir el ejercicio.   Puedo escribir el ejercicio.
   Tú
   Ana
   Uds.
   David y yo

5. Queremos hacerlo.   Queremos hacerlo.
   Yo
   Ellas
   Guillermo
   Elena y él

6. Sé cocinar.   Sé cocinar.
   Uds.
   Tú
   Nosotros
   Margarita

7. Deben leer todo.   Deben leer todo.
   Yo
   Uds.
   Paco
   Tú

8. Pienso escribir la lectura.   Pienso escribir la lectura.
   Rubén y Priscila
   Nosotros
   Tú
   Marta

9. **Repeat the sentence adding a correct subject pronoun.**
   _____ sabemos eso.   Nosotros sabemos eso.
   _____ sabe eso.
   _____ sé eso.
   _____ sabéis eso.
   _____ sabes eso.

10. **Continue adding a correct subject pronoun.**
    _____ conozco la ciudad.   Yo conozco la ciudad.
    _____ conocemos la ciudad.
    _____ conoces la ciudad.
    _____ conocen la ciudad.
    _____ conoce la ciudad.

11. **Free response with** *saber* **or** *conocer.*
    ¿Conoce ella al camarero?
    ¿Conoces a Juan?
    ¿Sabes cocinar?
    ¿Conocen Uds. a México?
    ¿Saben Uds. mucho español?
    ¿Saben ellos la hora?

12. **Repeat the problem out loud in Spanish and give the answer.**
    $32 + 45 =$
    $52 - 17 =$
    $88 \div 4 =$
    $90 - 71 =$
    $23 + 13 =$
    $7 \times 7 =$
    $60 \div 2 =$
    $7 \times 4 =$

13. ¿Cuáles platos mexicanos te gustan?
    ¿Cuándo comienza el invierno?
    ¿Qué quiere tomar Ud.?
    ¿Sabes jugar futbol?
    ¿Puedes hablar español?

VOCABULARIO CLAVE QUE VIENE

el **jardinero** gardener
la **señora** wife

apreciar to appreciate
la **planta** plant
sin embargo nevertheless
deber must, ought to
pasar to spend
la **parte** part
el **césped** lawn
la **máquina** machine
cortar to cut
la **hierba** grass
arrancar to start (machine)
tardar to take (time)
funcionar to function
semanal weekly

el **cuchillo** knife
a mano by hand
la **mala hierba** weeds
cansarse to become tired
doblar to double (over)
el **otoño** fall
caer to fall
la **hoja** leaf
el **árbol** tree
recoger to pick up
gustarse to like
preferir to prefer
la **paja** straw
quitar to take away
golpear to hit
el **suelo** ground

el **basurero** garbage can
la **demás** the rest of the
la **basura** garbage
el **señor basurero** garbage man

poder to be able to
puedo I can
gozar to enjoy
belleza beauty
el **carpintero** carpenter
reparar to repair
la **silla** seat
los **muebles** furniture
la **madera** wood
el **martillo** hammer

el **amigo** friend
el **talento** talent
dispuesto, -a ready
ganar to earn
el **orgullo** pride

LECTURA 1
Isidro, el jardinero

Soy un jardinero en la Ciudad de México. Me llamo Isidro. Soy un indio mixteca; mi señora y yo tenemos seis hijos. Trabajo para unas familias que viven en un sector residencial de la ciudad. Es un sector bueno.

Aprecio mucho las plantas de colores brillantes. Sin embargo*, debo pasar la mayor parte del día cuidando el césped. Uso una máquina para cortar la hierba. La máquina no arranca fácilmente. De vez en cuando la máquina tarda unos minutos en arrancar. Pero al fin la máquina siempre funciona y corto el césped enorme. Es un trabajo semanal.

Luego tomo el cuchillo y corto a mano la mala hierba. Me canso rápidamente de doblarme tanto. Es un trabajo difícil. Sin embargo,* es parte del trabajo del jardinero. En el otoño caen las hojas de los árboles. Uso una escoba muy grande para recoger las hojas. No me gustan las escobas de metal. Prefiero usar la escoba de paja. Sé quitarle las hojas a la paja.** Golpeo el suelo con la escoba varias veces.

Después de trabajar mucho, recojo la mala hierba y las hojas. Pongo todo en el basurero. Finalmente pongo el basurero con la demás basura que recoge el señor basurero. Por lo menos puedo gozar de las bellezas naturales. Me gusta cuidar las flores tan bellas. Otro trabajo que me gusta es el trabajo de carpintero. Reparo sillas y otros muebles de madera. A menudo uso un martillo.

Los amigos de Isidro aprecian mucho sus talentos. Además, Isidro siempre está dispuesto a ayudar a sus amigos. María, la señora de Isidro, trabaja de criada. Los dos ganan poco pero trabajan con orgullo.

Preguntas sobre la lectura

1. ¿Quién es el jardinero?
2. ¿Cuántos hijos tienen él y su señora?
3. ¿Cómo debe pasar la mayor parte del día el jardinero?
4. ¿Qué problema tiene la máquina?
5. ¿Qué usa Isidro para cortar la mala hierba?
6. ¿Es un trabajo fácil?
7. ¿Qué caen de los árboles?
8. ¿Dónde pone Isidro la mala hierba y las hojas?
9. ¿Qué recoge el señor basurero?
10. ¿Quiénes aprecian los talentos de Isidro?
11. ¿Qué hace la señora de Isidro?
12. ¿Ganan mucho los dos?

*Sin embargo...Nevertheless
**Sé quitarle las hojas a la paja. I know how to get the leaves out of the straw.

94

Isidro cuida todas estas plantas.

¡La máquina no arranca fácilmente!

EJERCICIOS ESCRITOS

I. **Fill in the correct form of the appropriate verb taken from the list below. Use each verb only once.**
1. (Tú) _____ correr mañana.
2. ¿_____ Uds. a casa a las ocho?
3. Eso _____ muy poco.
4. Carlos siempre _____ la red.
5. (Yo) te _____ la verdad.

     volver   contar
     poder   mover
     costar

II. **Fill in the Spanish for the verb combinations.**
1. _____ El (must do) lo.
2. _____ Nosotros (know how to practice).
3. _____ Tú (plan to study) y yo no.
4. _____ Ud. (can go) después.
5. _____ Roberto y Cristina (want to eat).
6. _____ Uds. (can write) ahora.
7. _____ Nancy (must buy) la sandía.
8. _____ (Yo) (plan to read) el libro.

III. **Fill in the correct form of *conocer* or *saber,* whichever is appropriate.**
1. ¿_____ Ud. a Isidro?
2. ¿_____ ellos cortar la mala hierba?
3. (Yo) _____ la ciudad.
4. ¿_____ (nosotros) al carpintero?
5. Sí, Uds. _____ que es este libro.
6. ¿_____ tú mi número?
7. No, (yo) no _____ cuidar las flores.
8. Sí, él y yo _____ a la familia.

IV. **Redo the sentence using each new object. Remember to place an *a* in front of each reference to people. Make sure that the article agrees with the noun.**

    Examples: *Vemos a la muchacha.*
                     (hijo, casas)
           Vemos al hijo.
           Vemos las casas.

1. Vemos a la muchacha.
   (capitán, tía, mercado, revista, producto, camarero)
2. ¿Conoces el libro?
   (negocio, señores, prima, amigas)
3. ¿Buscamos al jugador?
   (campeona, patineta, españoles, barco)

V. **Write out the problems and answers in Spanish.**
   1. $30 \times 2 =$ _____
   2. $50 \div 5 =$ _____
   3. $90 + 3 =$ _____
   4. $82 - 4 =$ _____
   5. $8 \times 9 =$ _____
   6. $84 \div 4 =$ _____

VI. **Write an answer to the following questions.**
   1. ¿Sabe Ud. leer español?
   2. ¿Piensan Uds. estudiar historia?
   3. ¿Quiere Ud. ir a la costa?
   4. ¿Conocen Uds. a Guadalajara?
   5. ¿Pueden Uds. ir al restaurante?
   6. ¿Debemos llamar a Antonio?

VII. **Based on the reading *Isidro, el jardinero*, fill in an appropriate word.**
   1. Isidro y su señora tienen seis _____ .
   2. Isidro es un _____ .
   3. El usa una _____ para cortar la hierba.
   4. En el otoño caen las _____ .
   5. Para recoger las hojas, Isidro usa una _____ .
   6. El jardinero cuida las _____ .
   7. Isidro repara las _____ .
   8. El está dispuesto a ayudar a sus _____ .

VOCABULARIO CLAVE QUE VIENE

la **actividad** activity
continuo, -a continuous
atraer to attract
el **colorido** colorfulness
la **belleza** beauty
la **naturaleza** nature
hallarse to be found
discutir to discuss
la **legumbre** vegetable
obtener to obtain
la **limpieza** cleaning
el **hogar** home

los **pantalones** pants
la **camisa** shirt
gris grey
encontrar to find
deseado, -a desired
la **mujer** woman
hacer la compra to do the shopping
la **excepción** exception
representar to represent
nuevo, -a new
la **tendencia** tendency

la **miel** honey
el **sabor** taste
contar to count
el **dinero** money
suficiente enough
en **seguida** at once
la **bolsa** bag

el **carnicero** butcher
pesar to weigh
el **kilo(gramo)** = 2.2 pounds
las **chuletas de cerdo** pork chops
empaquetar to package
llevar to carry
propio, -a own
guardar to put away

la **rueda** wheel
significar to mean, signify
comenzar to begin
el **hijo** son
la **esposa** wife
estar de acuerdo to be in agreement

LECTURA 2
En el mercado

El mercado es un lugar de actividad continua. Los productos atraen al público por su colorido y variedad. ¡Qué bellezas de la naturaleza se hallan de vez en cuando! Los clientes discuten dónde es mejor comprar. Además de frutas y legumbres, el público puede obtener productos para la limpieza del hogar. Por ejemplo, se venden escobas.

También en el mercado se halla ropa. Hay pantalones y camisas de todos tipos. Daniel busca unos pantalones de color gris. No encuentra los pantalones deseados. Tradicionalmente las mujeres hacen las compras en el mercado. Daniel es una excepción y él representa una nueva tendencia.

La miel es un producto de buen sabor. Hay muchas personas que quieren comprar miel. Daniel cuenta el dinero. ¡Qué bueno! Tiene suficiente dinero para comprar miel. Hace la compra en seguida* y luego pone la miel en una bolsa.

Los carniceros tienen un buen negocio. Pesan la compra en kilos. Los clientes compran de todo — chuletas de cerdo, etc. El carnicero siempre empaqueta la compra. Es un trabajo muy exacto. Normalmente el cliente lleva su propia bolsa para guardar las compras.

El mercado está "sobre ruedas". Esto significa que en unas horas todos los negocios van a otro lugar y el mercado comienza de nuevo. Daniel y su hijo Rubén se cansan de llevar tantas compras. Judit, la esposa de Daniel, está de acuerdo:** es hora de ir a casa. ¡Hasta otro día!

*…*en seguida…* …at once…
**…*está de acuerdo* …(she) agrees

Preguntas sobre la lectura

1. ¿Cuáles son los productos que se venden en el mercado?
2. ¿Quiénes hacen las compras tradicionalmente?
3. ¿Qué compra Daniel?
4. ¿Hay pantalones de color gris?
5. ¿Qué hace el carnicero con la compra?
6. ¿De dónde vienen las bolsas?
7. ¿Por qué se llama el mercado "mercado sobre ruedas"?
8. ¿Quiénes se cansan de llevar las compras?

El mercado es un lugar de actividad continua.

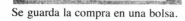

Se guarda la compra en una bolsa.

REPASO

I. **Match each item on the right with an appropriate one on the left.**

1. _____ el marido   el melón
2. _____ el pescado   la hierba
3. _____ el equipo   la lectura
4. _____ el libro   el restaurante
5. _____ el papá   plancha la ropa
6. _____ la pro-   la red
            paganda
7. _____ el jardinero   la esposa
8. _____ el menú   el anuncio
9. _____ el mercado   el hijo
10. _____ la criada   el baloncesto

II. **Answer the following questions.**

1. ¿A qué hora estudias?
2. ¿Cuándo vas al mercado?
3. ¿Son las cinco?
4. ¿Vas a las seis y media?
5. ¿Cuándo hablan Uds. con ella?

III. **Questions and Answers**
Read the following paragraph:

Soy Eduardo Suárez. Mi deporte favorito es el tenis. A menudo juego dos o tres veces por semana. También me gusta escribir. Estoy escribiendo esta lectura. Vivo en Chicago. Mis padres son de México. Tengo diecisiete años. Mi amiga se llama María Carmen. Ella tiene quince años. Somos estudiantes pero queremos ser campeones de tenis.

Now, based on the above paragraph, write five questions using interrogative words. Try to use as many different interrogative words as possible. Then, write the correct answers.

Example: *¿Cuál es el deporte favorito de Eduardo?*
El deporte favorito de Eduardo es el tenis.

IV. **Write in the correct form of *ser* or *estar,* whichever is appropriate.**

1. ¿De dónde _____ Uds.?
2. ¿Quiénes _____ aquí?
3. _____ las diez de la noche.
4. Hoy _____ (nosotros) bien.
5. Los platos _____ en la mesa.
6. _____ su trabajo favorito.

V. Correct the *errors* in each sentence. There are two spelling mistakes in each sentence; however, one sentence has three.

1. Isidro no conocas al Micaela.
2. Seimpre estudio las lunes.
3. Después de corrar, los descansos son necesario.
4. El comida está muy riga.
5. ¿Cuánto libros teines en casa?
6. ¿Preferen Uds. ir a marcado?

VI. Fill in the verb.

1. _____ Ellos (put) las compras en la bolsa.
2. _____ (Yo) (have) suficiente dinero.
3. _____ El cliente (can buy) todo.
4. _____ Los productos (attract) al público.
5. _____ Daniel (must find) unos pantalones nuevos.
6. _____ Nosotros (want to carry) la compra.
7. _____ Tú me (are looking) ahora.
8. _____ Uds. (know how to play) tenis.

VII. Decide whether or not each statement is true. If it is false, correct it. The statements are based on the reading *En el mercado*.

1. El mercado es un lugar de poca actividad.
2. En el mercado se vende ropa.
3. Normalmente los hombres hacen las compras.
4. La miel es algo de mal sabor.
5. Después de unas horas, los negocios van a otro lugar.
6. Los carniceros pesan la compra en avenidas.
7. Usualmente el cliente tiene una bolsa.
8. Los clientes no compran nada.

RINCÓN DE CULTURA
Guatemala

Guatemala has many examples of Spanish influence. In Guatemala City the interior of the national palace has a patio in the Spanish style. Also, in the city of Antigua, there are ruins from the period of Spanish rule. These ruins are the result of earthquakes. The best known ruin is that of the old, huge cathedral. The small stores in Guatemala are similar to those that are so popular in Spain. In addition, balconies are frequently included in the construction of houses. This is typically Spanish. As is done in parts of Spain, walls are built around homes. The walls are a form of protection against the outside world.

Also there are plazas in important cities that imitate the Spanish style of construction. Next to the plaza is found the municipal government. And it is customary to find the major Catholic church near the plaza. Often the plaza has flowers and looks somewhat like a park. Gardeners even take care of the trees. Clearly, aspects of Guatemalan architecture remind us of Spain. Of course it is important to mention that many customs, the Spanish language, and the Catholic religion come from Spain.

Besides the Spanish influence that we have described, there is U.S. as well as Mexican influence in business. Buses are a basic form of transportation. Buses and trucks actually represent an advanced technology imported into Guatemala. In ads we see obvious examples of foreign influence. Gradually business is growing. Certainly one business that always has customers is the butcher shop with its red flag. (The red flag means that meat is available.) Unfortunately, some poor people who suffer from malnutrition do not have money to buy the foodstuffs sold by butcher shops, markets, and other stores. Nevertheless, the stores and other attractions of the cities draw thousands and thousands of poor people. The poor go to the cities in search of work and a better life.

The Indian culture is seen, for example, in the women who carry baskets on their heads. Usually the baskets contain native products that are sold in the market and other public places of the city. Children are carried on the woman's back in order to free her hands. One native industry is weaving. The weavings, real works of art, are sold to tourists and well-to-do Guatemalans. The future of the Indian population is in its children. If the children are educated, at least to some extent the exploitation that is so common to much of Latin America can be combatted.

Many of the Indian villages are very isolated. The modern and semi-modern clinics and hospitals that exist are usually the work of progressive governments or are gifts from foreigners. Assistance from foreign doctors is appreciated because the problem of illness is so serious. Generally speaking, the Indian groups do not form part of the middle and upper classes. There is a sad contrast between the wealth of the upper class and the poverty of the Indians. Efforts by the churches — Catholic as well as Protestant — and by the government to improve the economic and social conditions of the Indian groups have not been very successful.

Guatemala has a great deal of tropical vegetation. There are crops of coffee, bananas, and other agricultural products. Besides the tropical vegetation, we are impressed by the mountains and volcanos. Unfortunately, one never knows when an earthquake will destroy part of the country. Occasionally there is a tragedy that befalls this beautiful natural setting.

MÉXICO

Lago Petén-Itzá

BELICE

Mar Caribe

Golfo de Honduras

Lago de Izabal

Puerto Barrios

GUATEMALA

Quezaltenango

Chimaltenango

Lago de Atitlán

Antigua

Guatemala

HONDURAS

Escuintla

EL SALVADOR

Océano Pacífico

LA GRAMÁTICA

I. Stem-changing Verbs: *o* → *ue*

In the present tense there are a number of verbs whose stem vowel changes from *o* to *ue* in certain forms. This stem change takes place only when the stem is stressed, that is, accented in speech. Consequently, the change does not occur in the infinitive and the *nosotros* and *vosotros* forms. See the SUPLEMENTO for a list of some stem-changing verbs of this type.

mostrar - to show

(yo)	m*ue*stro
(tú)	m*ue*stras
(usted) (él, ella)	m*ue*stra
(nosotros, -as)	m*o*stramos
(vosotros, -as)	mostr*á*is
(ustedes) (ellos, ellas)	m*ue*stran

II. The Infinitive as a Verb Complement

In Spanish, some verbs may be followed directly by an infinitive. Some of the most common verbs of this type include:

deber
desear
gustarse
necesitar
poder
preferir
querer
saber

> ***Examples:*** *first person form (except* gusta) *plus infinitive*

Debo		I should	
Deseo		I wish	
Me gusta		I like	
Necesito	comer	I need	(to) eat
Puedo		I can	
Prefiero		I prefer	
Quiero		I want	
Sé		I know (how)	

III. *saber* versus *conocer*

Spanish has two verbs, *saber* and *conocer,* for "to know." Which verb is used depends on the context.

saber

1. *Saber* means "to know" in the sense of having specific data or factual information.

Sé el número.	I know the number.
¿*Sabes* la dirección?	Do you know the address?
Ella *sabe* quién es.	She knows who it is.

2. *Saber* means "to know" in the sense of knowing how to do something. A person has a specific skill.

Sé jugar tenis.	I know how to play tennis.
Nosotros *sabemos* cocinar.	We know how to cook.
Ellos *saben* hablar español.	They know how to speak Spanish.

Saber is not usually followed by **cómo** before an infinitive.

conocer

1. *Conocer* is used when one is acquainted with or is getting acquainted with someone or some place.

Conozco a Juan.	I know John.
¿*Conoces* esa playa?	Do you know that beach? (in the sense of having been there)
Conocen a la Ciudad de México.	They know Mexico City. (in the sense of having seen it)

2. When referring to meeting someone for the first time use *conocer.* In this context *conocer* means "to meet" or "get acquainted with."

Voy a *conocer* a Lupe mañana.	I am going to meet Lupe tomorrow.
Queremos *conocer* a tu tía.	We want to meet your aunt.

IV. The Personal *a*

The particle *a* usually precedes all verb objects that refer to people.

Busco *a* mi abuelo.	I'm looking for my grandfather.
Estoy llamando *a* la muchacha.	I'm calling the girl.
Voy a ver *a* la camarera.	I'm going to see the waitress.

But there is no particle *a* when the verb object is either a thing or a place.

Busco la playa.	I'm looking for the beach.
Estoy llamando un taxi.	I'm calling a taxi.
Voy a ver el monumento.	I'm going to see the monument.

At times the *a* is used before proper geographic names.

Conocemos a Madrid.	We know Madrid.

V. The Contraction *al*

The particle *a* and the article *el* are joined and shortened to *al*. In writing, the other definite articles do not contract.

Voy *al* mercado.	I'm going to the market.
Van *al* parque.	They're going to the park.
Llaman *al* jardinero.	They're calling the gardener.
Conozco *al* marido.	I know the husband.

VOCABULARIO

a by
   a mano by hand
acostumbrarse to become accustomed
la **actividad** activity
el **agua** water
al (principio) in the (beginning)
apreciar to appreciate
el **árbol** tree
arrancar to start (a machine)
atraer to attract
la **basura** garbage
el **basurero** garbage can
   el **señor basurero** garbage man
la **belleza** beauty
bello, -a beautiful
blando, -a mild
la **bolsa** bag
brillante brilliant
buen good
bueno well
caer to fall
el **camarero** waiter
la **camisa** shirt
cansarse to become tired
el **carnicero** butcher
el **carpintero** carpenter
el **cerdo** pig
el **césped** lawn
cincuenta fifty
el **color** color
el **colorido** colorfulness
conocer to know, to be acquainted with
contar to count, to tell
continuo, -a continuous

contra against
cortar to cut
cuarenta forty
el **cuchillo** knife
cuenta (form of **contar**) he counts
el **chile** pepper
la **chuleta** chop
   chuleta de cerdo pork chop
deber should, must
demás rest (of the)
deseado, -a desired
devolver to return, to give back
el **dinero** money
discutir to discuss
dispuesto, -a ready
doblarse to bend over
empaquetar to package
en at
   en seguida at once
encontrar to find
encuentra (form of **encontrar**) he finds
enfermarse to become ill
exacto, -a exactly
exagerar to exaggerate
la **excepción** exception
fácilmente easily
el **fin** end
funcionar to function
ganar to earn
golpear to hit
gozar to enjoy
gris grey
guardar to put away
hallarse to be found

hay que it's necessary
la **hierba** grass
    la **mala hierba** weeds
el **hogar** home
la **hoja** leaf
el **hospital** hospital
el **indio** Indian
el **jardinero** gardener
el **kilo(gramo)** kilo(gram)
   le him, it
la **legumbre** vegetable
la **limpieza** cleaning
   llevar to carry
la **madera** wood
la **mano** hand
la **máquina** machine
el **martillo** hammer
   mayor greater
la **merienda** snack
el **metal** metal
la **miel** honey
   mixteca Mixtec
   morir(se) to die
   mostrar to show
   mover to move
el **mueble** (piece of) furniture
los **muebles** furniture
la **naturaleza** nature
   necesitar to need
   noventa ninety
   noventa y uno ninety one
   obtener to obtain
   ochenta eighty
el **orgullo** pride
la **paja** straw
los **pantalones** pants
la **parte** part
   pasar to spend (time)
   pesar to weigh
   picante spicy
la **planta** plant
   poder to be able
   por because
   propio, -a own
   puede he, (she, it) can (form of **poder**)
   recoger to pick up
   recojo I pick up
   recordar to remember

   regatear to bargain
   reparar to repair
   representar to represent
   residencial residential
la **rueda** wheel
   saber to know
el **sabor** flavor
el **sector** sector
   según according to
   semanal weekly
la **señora** wife, lady
   sesenta sixty
   setenta seventy
   significar to signify, mean
la **silla** chair
   sin without
      sin embargo nevertheless
   sobre on
   soñar to dream
   su his, her, its, your, their
el **suelo** ground
   suficiente sufficient
   tardar to take (time)
la **tendencia** tendency
el **tenis** tennis
el **trabajo** job, work
   tradicionalmente traditionally
   treinta thirty
   varios, -as several
   volver to return, to go back

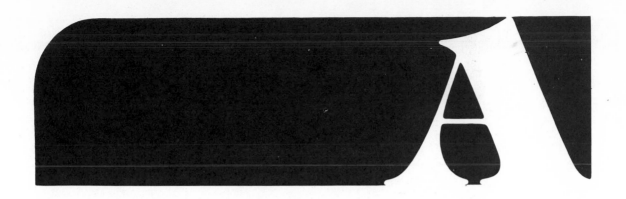

LECTURA
Mi familia

Hay cuatro personas en mi familia. Mi papá se llama Ricardo y mi mamá, Marta. Hay dos hijos. Yo me llamo Antonio y mi hermana se llama María Cristina. Ella tiene quince años y yo tengo diecisiete años. Vivimos en México.

Mi papá trabaja en un almacén y mi mamá trabaja en un restaurante. Mi hermana María Cristina y yo somos estudiantes. Estudiamos inglés y español.

Los sábados hacemos la compra. Toda la familia va al mercado. En el mercado compramos tomates, melones y una sandía. Luego vamos al centro comercial. Me gusta el helado y siempre compro un helado en el centro comercial. ¡Me gustan los sábados! Son días especiales para la familia.

Preguntas sobre la lectura

1. ¿Cuántas personas hay en la familia?
2. ¿Cómo se llama la hermana?
3. ¿Cuántos años tiene Antonio?
4. ¿Dónde trabaja la mamá?
5. ¿Qué estudian María Cristina y Antonio?
6. ¿Adónde van los sábados?
7. ¿Qué compra Antonio en el centro comercial?

EJERCICIOS

I.   **Select the logical response.**

Dialog A

¡Buenos días! Soy Elena Díaz. ¿Está Margarita en casa?

1. No, no me gusta.
2. Sí, él vive en Miami.
3. No, está en el mercado.
4. No, no está rico.

Dialog B

El partido comienza a las cuatro. ¿Vas a ir?

1. No, no como hoy.
2. No, no puedo ir.
3. Sí, me gusta la casa.
4. No, no conozco a Juan.

Dialog C

¿Comprendes el libro?

1. Es fácil.
2. Yo también voy.
3. Estoy de acuerdo.
4. Compro el melón.

Dialog D

Tengo hambre. ¿Vamos a desayunar?

1. ¡Buenas noches!
2. Eres muy amable.
3. El anuncio está aquí.
4. Por supuesto.

Dialog E

¡Mírame! Estoy jugando muy bien.

1. Sí, la comida está muy rica.
2. La máquina no arranca. ¡Qué lástima!
3. ¡No exageres! Es un deporte fácil.
4. Llevo la compra. ¿Está bien?

II. **Fill in the correct form of** *saber* **or** *conocer,* **whichever is appropriate.**

CAROLINA: Sí, (yo) _____ a Isidro. Es el jardinero. (yo) _____ que vive en la avenida Insurgentes.. ¿_____ (tú) su número de teléfono?

CARLOS: No, (yo) no _____ su número de teléfono. Tampoco _____ bien a la Ciudad de México. ¿Dónde está la avenida Insurgentes?

CAROLINA: ¿_____ (tú) el centro de la capital ? ¿_____ dónde está la avenida Reforma?

CARLOS: No, no _____ el centro de la ciudad. Mis amigos sí _____ la ciudad.

CAROLINA: Bueno, si ellos _____ la ciudad, ¿por qué no visitas a Isidro con ellos?

CARLOS: ¡Así lo voy a hacer! Voy a visitar a Isidro con ellos y voy a _____ el centro de la Ciudad de México.

III. **Write a question. Use an interrogative word asking for the italicized information.**

1. Daniel llama *a las seis.*
2. La comida está *aquí.*
3. *Los ciclistas* viajan mucho.
4. El anuncio es *interesante.*
5. Hay *dos* jardineros.
6. Ella va *para ver al primo.*
7. El trabaja *después.*

IV. **Fill in the correct word from the list below.**

1. Un deporte popular es el _____ .
2. Dos miembros de la familia son el _____ y la _____ .
3. Las personas que ven el partido son los _____ .
4. Se estudia el _____ .
5. La criada limpia el piso con la _____ .
6. La persona que gana es el _____ .
7. La criada plancha la _____ .
8. Los ciclistas usan las _____ .
9. Se come en el _____ .
10. Los negocios usan _____ .
11. Se venden comestibles en el _____ .
12. A veces la comida mexicana es _____ .
13. El jardinero cuida el _____ .
14. Es mejor viajar con un grupo porque hay _____ .
15. *VIPS* y *Sanborns* son _____ de restaurantes.

restaurante	césped
propaganda	campeón
cadenas	futbol
papá	ropa
libro	mercado
compañía	picante
escoba	aficionados
mamá	bicicletas

V. **Correct the fifteen errors in the following four sentences.**

1. Estas mañana voy a desayuna a las ocha.
2. Ello y yo salamos para come en una resturante.
3. Ante da comer pasomos por el casa de Pablo.
4. Ud. trabajo todo la tarde porque así se hage.

VI. **Fill in the correct form of *ser* or *estar,* whichever is appropriate.**

1. Ud. _____ de Chicago. ¿Verdad?
2. ¿Ellos? _____ en San Francisco.
3. ¿La hora? _____ la una y cuarto.
4. Normalmente ella _____ una persona muy alegre pero hoy _____ triste.
5. ¿Kodak? _____ una compañía grande.
6. _____ el lunes.
7. Tú y yo _____ amigos.
8. El restaurante _____ cerca del hospital.

VII. The following sentences are not in logical order. Reorder them to make a logical paragraph. Make sure that the sequence of events makes sense.

1. Ningún equipo gana.
2. Finalmente el partido comienza a las tres.
3. Pero hoy es el día del partido.
4. En el partido, los jugadores corren y corren.
5. Normalmente los jugadores practican mucho.
6. Ambos equipos hacen dos goles.
7. Después de correr tanto, los jugadores se cansan.
8. ¿Por qué?
9. Antes del partido, el árbitro habla con los jugadores.

VIII. Fill in the correct form of an appropriate verb in the present tense. You are given the first letter as a clue.

1. Sí, (tú) s_____ cocinar.
2. Ellos t_____ hambre.
3. El amigo e_____ en casa.
4. No, (yo) no p_____ estudiar ahora porque voy al partido.
5. ¿Qué p_____ María Carmen? ¿El melón o la sandía?
6. Sí, nosotros h_____ español.
7. La criada t_____ ocho horas por día.
8. ¿Ll_____ (Uds.) a los tíos?
9. La camarera e_____ rápidamente.
10. Anita q_____ vivir en Tejas.
11. (Yo) p_____ el plato en la mesa.
12. Ud. d_____ estudiar más.

IX. Fill in the correct article or demonstrative, whichever is appropriate.

_____ 1. Me gustan (the) llamadas.
_____ 2. (This) balón no es muy bueno.
_____ 3. (Those) familias son extranjeras.
_____ 4. La camarera trae (the) menú.
_____ 5. El es (a) campeón.
_____ 6. Hay (some) platos aquí.
_____ 7. (That) método es viejo.
_____ 8. (These) deportes son muy difíciles.
_____ 9. No me gusta (this) propaganda.
_____ 10. Es (a) mercado.
_____ 11. Quiero comer (some) enchiladas.
_____ 12. (This) máquina no funciona.
_____ 13. Hay (a) vendedora.

X. **Situation A**

Rubén sale a las dos. Va al restaurante VIPS. En VIPS él come unas enchiladas. Toma Coca-Cola. Después la camarera trae un flan. Es el postre favorito de Rubén. Rubén come con entusiasmo.

Preguntas

1. ¿Cuándo sale Rubén?
2. ¿Adónde va?
3. ¿Qué come él?
4. ¿Cuál es el postre favorito de Rubén?

Situation B

Luisa es ciclista. Ella va en bicicleta por España. Va con un grupo de ciclistas. Los ciclistas son de los Estados Unidos. Luisa y los otros hablan español. Ellos hablan con los españoles. Los ciclistas aprenden mucho. ¡Son inteligentes!

Preguntas

1. ¿Qué es Luisa?
2. ¿De dónde son los ciclistas?
3. ¿Qué hablan ellos?
4. ¿Quiénes aprenden mucho?

XI. **Decide whether or not the second speaker responds with a logical statement. If the statement does not make sense, make up an appropriate response.**

1. Mañana compro la bicicleta.
   Me gusta el melón.
2. ¿Es un señor bajo?
   Vive en Chicago.
3. ¿Comprendes la lectura?
   Sí, es fácil.
4. ¿Dónde está la cocina?
   Está en la mesa.
5. Busco a Esteban.
   No sé dónde está.
6. Soy norteamericano.
   Es la primavera.
7. Trabajo mucho.
   Yo también. La vida es difícil.
8. Escribo un libro.
   ¡Qué inteligente eres!

EXPRESIONES ÚTILES

Here are some phrases that you may find useful when speaking Spanish:

¿Habla Ud. español?	Do you speak Spanish?
Hablo el español un poco.	I speak a little Spanish.
¿Comprende Ud.?	Do you understand?
Sí, comprendo todo.	Yes, I understand everything.
¿De dónde es Ud.?	Where are you from? (Where were you born?)
Soy de (los) Estados Unidos.	I'm from the United States (I was born in the U.S.).
Soy norteamericano (-a).	I'm an American.
Estoy aquí por dos semanas.	I'm here for two weeks.
Me llamo…	My name is…

Hablo el español un poco.

CULTURAL NOTES
Some Differences Within the Hispanic World

Many people are not aware of how much variety exists in the Spanish-speaking world. For example, not every Hispanic country uses the *peso*. It is true that Mexico, Colombia, Argentina, and several other countries use the *peso*. However, among the remaining countries, Panama uses the *Balboa,* Peru the *Sol,* Guatemala the *Quetzal,* and Venezuela the *Bolívar.* These names have historical significance. *Balboa* was a Spanish explorer; the *Sol* (Sun) refers to the Sun God of the Incas; the *Quetzal* is a reference to a beautiful Guatemalan bird that loves freedom and hates cages; and *Bolívar* is the name of the famous South-American independence leader. By the way, Spain uses the *peseta* and not the *peso*.

Areas of the Spanish-speaking world also differ in vocabulary. Limiting ourselves just to Mexico and Puerto Rico, let us look at a few interesting examples. The word for banana in Puerto Rico is *guineo* and it is *plátano* in Mexico. A sweet orange is a *china* in Puerto Rico and a *naranja* in Mexico. In Mexico City a red tomato is a *jitomate* while in Puerto Rico it is called *tomate*. Most Spanish speakers say *autobús* for bus but Mexicans say *camión* for city buses and Puerto Ricans *guagua* for all buses. The list of differences in vocabulary could go on and on.

Because of differences in vocabulary (and to some extent pronunciation) it is important that you be aware of the type of Spanish that you are learning. What you are studying in this book is primarily Mexican Spanish. If you travel to Argentina, for example, you can make yourself understood but there will be some new vocabulary for you to learn.

U.S. influence is obvious in Puerto Rico.

Young people in Mexico have their own slang!

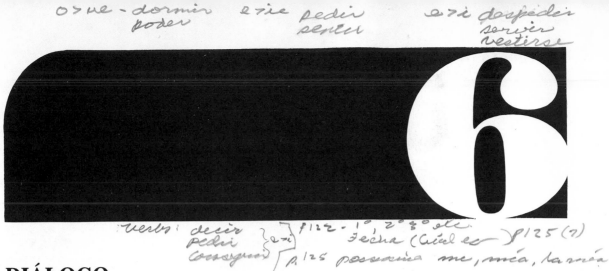

DIÁLOGO
La visita

PRISCILA: Este es mi primer año en la universidad.

MARCOS: ¿Estudias en la facultad de humanidades?

PRISCILA: Sí, me gusta muchísimo. ¡Miren! Allí está la biblioteca.

RUBÉN: ¿Qué veo en las paredes?

MARCOS: ¿Son pinturas? Priscila, ¿qué son?

PRISCILA: Son mosaicos del pintor O'Gorman. El apellido es muy español, ¿verdad?

RUBÉN: A mí me gustan los bailes aquí.

PRISCILA: Por lo general escuchamos música popular de tipo norteamericano.

MARCOS: ¿De veras? Priscila, ¿me lo dices en serio?

PRISCILA: ¡Siempre digo la verdad! Más tarde podemos ir al baile.

MARCOS: ¡Qué variedad de edificios! Es un lugar enorme.

RUBÉN: Aquí me pierdo fácilmente.

PRISCILA: Bueno, ¡voy a echarte de menos! Marcos, ¿qué haces?

MARCOS: Saco unas fotos. Hay que aprovechar nuestras vacaciones.

Preguntas sobre el diálogo

1. ¿En qué facultad estudia la muchacha?
2. ¿Qué edificio ven?
3. ¿Quién es el pintor?
4. ¿Qué tipo de música escuchan?
5. ¿Quién siempre dice la verdad?
6. ¿Cómo es la universidad?
7. ¿Qué hace Marcos?
8. ¿Están de vacaciones?

The Visit

PRISCILA: This is my first year at the university.

MARCOS: Do you study in the school of humanities?

PRISCILA: Yes, I like it very much. Look! Over there is the library.

RUBÉN: What do I see on the walls?

MARCOS: Are they paintings? Priscila, what are they?

PRISCILA: They are mosaics by O'Gorman, the painter. It's a very Spanish last name. Right?

RUBÉN: I like the dances here.

PRISCILA: Generally speaking we listen to popular music of the U.S. type.

MARCOS: Really? Priscila, *are you being serious?

PRISCILA: I always tell the truth! Later we can go to the dance.

MARCOS: What a variety of buildings! It's an enormous place.

RUBÉN: Here I'll get lost easily.

PRISCILA: Well, I'm going to miss you! Mark, what are you doing?

MARCOS: I'm taking some pictures. **We have to make good use of our vacation.

*literally: "you tell me it seriously?"
**literally: "It's necessary to take advantage of our vacation."

EXPRESIONES Y PALABRAS ÚTILES

Me gusta *muchísimo*.   I like it *very much*.
Allí está...   Over there is...
A mí me gustan...   I like...(*a mí* used for emphasis)

SUPLEMENTO

1. Los números:*

100 = cien
200 = doscientos
300 = trescientos
400 = cuatrocientos
500 = quinientos
600 = seiscientos
700 = setecientos
800 = ochocientos
900 = novecientos
1000 = mil
2000 = dos mil
million = millón
billion = mil millones
trillion = billón

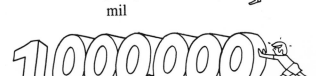

mil

millón

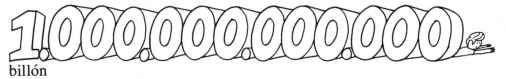

mil millones

billón

a. From 200 on, the ending *-cientos* changes to *-cientas* to agree with feminine nouns: *doscientos años, cuatrocientas bibliotecas.*

b. The numbers 500, 700, and 900 have the forms *quinientos, setecientos,* and *novecientos.*

c. The word *mil* is never attached to *un, dos, tres,* etc., and it remains singular: *cinco mil libros, siete mil pinturas.***

d. *Millón* is a noun. For more than one *millón* use the plural *millones. De* is added before another noun: un *millón de libros, cinco millones de jugadores.*

> ***Examples of numbers:*** *1634 = mil seiscientos treinta y cuatro*
> *1965 = mil novecientos sesenta y cinco*

There is no *y* between thousands and hundreds and none between hundreds and tens.

*See EJERCICIO ORAL 8 and EJERCICIO ESCRITO VII for practice.
**But we do say "hay miles de…" (there are thousands of…)

121

2. La fecha (the date):*

¿Cuál es la fecha (de hoy)?	What's the date (today)?
Es el...	It's the...
¿A cómo estamos?	What's the date?
Estamos a...	It's the...

¿Qué fecha celebramos?	What date do we celebrate?
Celebramos el cuatro de julio.	We celebrate the 4th of July.

La fecha en español:

19 de marzo de 1945	March 19, 1945
29 de noviembre de 1982	November 29, 1982

In giving the date in Spanish remember to use *de* before the month and before the year. In Spanish you cannot say *nineteen eighty.* The year 1980 is *mil novecientos ochenta.*

La fecha

3. Los números ordinales (Ordinal Numbers):

primero	first
segundo	second
tercero	third
cuarto	fourth
quinto	fifth
sexto	sixth
séptimo	seventh
octavo	eighth
noveno	ninth
décimo	tenth

a. Ordinal numbers above ten are rarely used in Spanish. Cardinal numbers (*once, doce, trece,* etc.) are normally preferred.

b. Ordinal numbers agree in number (singular/plural) and gender (masculine/feminine) with the noun they modify.

los primeros días	the first days
la tercera semana	the third week

c. *Primero* and *tercero* drop the final *o* before a masculine singular noun.

mi primer baile	my first dance
el tercer edificio	the third building

*See EJERCICIO ORAL 7 for practice.

d. Only for the first day of the month is an ordinal number, *primero,* used. Cardinal numbers are used for all the other days.

el *primero* de febrero
   but
el *seis* de mayo
el *veinticinco* de abril
el *treinta* de diciembre, etc.

El primero de...   El dos de...   El treinta de...

4. Stem-changing Verbs: *e* → *i*

Another group of verbs that are irregular in the present tense undergo a stem change from *e* to *i*. The exceptions are the *nosotros* and *vosotros* forms which follow the regular pattern.

pedir – to ask; to ask for

(yo)	pido
(tú)	pides
(usted) (él, ella)	pide
(nosotros, -as)	pedimos
(vosotros, -as)	pedís
(ustedes) (ellos, ellas)	piden

present participle = p*i*diendo

Verbs of this type include:

conseguir	to obtain
decir	to say, to tell
despedir	to fire *from a position*
despedirse	to say goodbye
repetir	to repeat
seguir	to continue, to follow
servir	to serve
vestirse	to get dressed

Juan se despide.

EJERCICIOS DE PRONUNCIACIÓN

/ñ/ When pronouncing this sound, the tip of the tongue touches the lower teeth lightly while the blade of the tongue touches the palate. It is the contact between the blade and palate while the air passes through the nasal passages that causes the sound.

año	mañana
tamaño (size)	daño (damage)
engaño (trick)	hazaña (deed)
cuñada	bañarse (to bathe)

Es el año de grandes hazañas.
Mañana me baño.
El engaño causa daño.

EJERCICIOS ORALES

1. Siempre digo la verdad.　　　　　Siempre digo la verdad.
   Tú
   Nosotros
   Ud.
   Priscila
   Rubén y Marcos

2. No piden mucho.　　　　　　　No piden mucho.
   Los pintores
   Tú
   Yo
   Enrique
   Ramona y yo

3. ¿Sirves la comida?　　　　　　¿Sirves la comida?
   Ellos
   Manolo
   Tú
   Nosotros
   Ud.

Answers using prepositions

4. **Answer each question. Remember to use a preposition with each answer.**

   Examples: ¿Dónde está Pepe?　(casa)　Pepe está en casa.
   ¿Corres con el amigo?　(primo)　No, corro con el primo.

   ¿Cuándo vas a México? (enero)
   ¿Sales con Cristina? (Beatriz)
   ¿Llaman a las cinco? (ocho)
   ¿A quién llamas? (Jaime)

¿Dónde está el examen? (mesa)
¿Con quiénes vas? (los Sánchez)
¿Buscas a Susana? (Roberto)
¿Vas a la biblioteca? (baile)

Possessive Adjectives

5. **Answer in the affirmative using the appropriate possessive adjective.* Only one person is speaking.**

> *Examples:* *¿Los platos? ¿De él?*   *Sí, son suyos.*
>
>   *¿El restaurante? ¿De nosotros?* *Sí, es nuestro.*

¿Los edificios ¿De Uds.?
¿Las pinturas? ¿De Carolina?
¿La foto? ¿De Ud.?
¿La biblioteca? ¿De la universidad?
¿Las vacaciones? ¿De nosotros?
¿El baile? ¿De ellos?
¿La comida? ¿De Beatriz y de Ud.?
¿Las máquinas? ¿De Ricardo?
¿El libro? ¿De nosotros?
¿El melón? ¿De Uds.?

Transformations

6. **Use each new subject to form a sentence. Make all necessary changes.**

> *Example:* *Ese plato no es suyo.*
> *(casa) (bicicletas)*
> *Esa casa no es suya.*
> *Esas bicicletas no son suyas.*

Esa casa no es suya.
(libros) (helado)
Esta revista no es mía.
(fotos) (propina)
Ese edificio no es nuestro.
(música) (ejercicios)
 Estas paredes no son tuyas.
 (biblioteca) (anuncio)
Este balón no es suyo.
(equipos) (comida)

7. **La fecha**
¿Cuál es la fecha de hoy?
¿En qué fecha vamos a ir?
¿Cuándo es el baile?
¿En qué fecha compran la casa?
¿Cuándo tenemos las vacaciones?

8. **Read the problem and give the answer in Spanish.**

$350 + 150 =$

$420 - 100 =$

$250 \times 4 =$

$680 - 50 =$

$1200 \div 3 =$

$700 \times 2 =$

$80 + 130 =$

$10.000 \div 2 =$**

Free Response

9. ¿Dices la verdad?

   ¿Quién sirve la comida?

   ¿Sigo con el trabajo?

   ¿Te gusta sacar fotos?

   ¿Se consigue el libro en la biblioteca?

   ¿Cuántos días tiene la semana?

*Study sections III and IV of LA GRAMÁTICA before doing this exercise.
**In Spanish a period is used to indicate thousands.

VOCABULARIO CLAVE QUE VIENE

el **paciente** patient
suyo, -a his, her
cobrar to charge
explicar to explain
sentirse to feel
el **dolor de cabeza** headache
desde since
contestar to answer
anoche last night
examinar to examine
el **problema** problem
físico, -a physical
la **pregunta** question
clave key
aconsejar to advise
la **pastilla** pill
la **aspirina** aspirin

la **oficina** office
la **secretaria** secretary
la **enfermera** nurse
el **ayudante** assistant
tratar de to try to
curar to cure
el **esfuerzo** effort
el **enfermo** sick person
mejorarse to improve
afortunadamente fortunately
el **caso** case
grave serious

la **farmacia** pharmacy
necesitar to need
la **receta** prescription
los **dulces** candy
la **medicina** medicine
el **paquete** package
saber to know
solamente only
la **dueña** (female) owner

LECTURA 1
Ricardo, el paciente

Ricardo decide visitar al médico. El médico, don Ramón, es un amigo suyo y no va a cobrarle* a Ricardo. Ricardo explica que no se siente bien. Tiene un dolor de cabeza. Don Ramón pregunta: "¿Desde cuándo tienes el dolor de cabeza?" Ricardo contesta: "Desde anoche". Ramón decide examinar a Ricardo. Trabaja rápidamente. No encuentra ningún problema físico. Luego hace unas preguntas claves. Aconseja a Ricardo a descansar más y tomar unas pastillas de aspirina.

En la oficina de don Ramón trabajan dos secretarias y varias enfermeras. El médico y sus ayudantes tratan de curar a los pacientes. Gracias a sus esfuerzos, casi todos los enfermos se mejoran. Afortunadamente el caso de Ricardo no es grave.

Ricardo va a la farmacia. Quiere comprar aspirina para su dolor de cabeza. No necesita una receta. Ve dulces, medicinas de diferentes tipos, etc. Los paquetes son muy atractivos pero Ricardo sabe que debe tomar solamente la medicina que necesita. Ricardo quiere unas pastillas de aspirina. Habla con la dueña de la farmacia. La dueña es hermana de don Ramón, el médico. Ella también es amiga de Ricardo. La dueña no le* cobra mucho a Ricardo. ¡Qué bueno es tener amigos!

*There is no English equivalent for this *le*.

Preguntas sobre la lectura

1. ¿Quién es el médico?
2. ¿Qué problema tiene Ricardo?
3. ¿Qué hace don Ramón?
4. ¿Encuentra el médico algún problema físico?
5. ¿Debe tomar una Coca-Cola Ricardo? ¿Qué aconseja el médico?
6. ¿Quiénes se mejoran?
7. ¿Cómo es el caso de Ricardo?
8. ¿Adónde va Ricardo?
9. ¿Qué ve Ricardo?
10. ¿Con quién habla Ricardo?
11. ¿Se conocen la dueña y Ricardo?
12. ¿Es la dueña la mamá de don Ramón?
13. ¿Por qué es bueno tener amigos?

Hoy Ricardo se siente mejor. Trabaja con su hijo.

EJERCICIOS ESCRITOS

I. **Fill in the correct form of the verb in the present tense.**

1. _____ ¿(Servir) (nosotros) el plato principal?
2. _____ ¿(Pedir) (Uds.) la medicina?
3. _____ Tú (seguir) con la lectura.
4. _____ Ellos siempre me (decir) todo.
5. _____ Rubén (repetir) todas las preguntas.
6. _____ ¿Vas a (conseguir) el pescado?
7. _____ El y yo (pedir) una propina.
8. _____ Beatriz (decir) que sí.

II. **Unscramble the words and form sentences. Put the verb in the correct present tense form.**

1. /demasiado / cobrar / ellos/
2. /unas / Ricardo / pastillas / pedir/
3. /estudiar / preferir / tú/
4. /inteligente /¿Quién / ser/
5. /Ramón / bien / sentir / se / no/
6. /la / me / doler / cabeza/
7. /tomar / bebida / (yo) / deber / la/
8. /las / poder / Ud. / contestar / preguntas/
9. /la / enfermeras / en / oficina / varias / trabajar/
10. /nosotros / el / comer / ¿Cuándo / postre/

III. **Match a verb from the right with words on the left. Use each verb only once.**

1. _____ dolor de cabeza   ir
2. _____ unas preguntas   tener
3. _____ unas pastillas   mejorarse
4. _____ en la oficina   cobrar
5. _____ los enfermos   hacer
6. _____ a la farmacia   trabajar
7. _____ poco a Ricardo   tomar

IV. **Fill in an appropriate particle (preposition or adverb). In some cases, there may be two possible answers.**

1. En el futbol hay un equipo _____ otro.
2. Corremos _____ la calle.
3. Está _____ la mesa.
4. Voy _____ Luisa. Vamos _____ restaurante.
5. _____ Alfredo, la comida no es picante.
6. No, no está. Son las dos. No trabaja _____ las tres.
7. ¿Sale él con Mónica? No, va _____ ella. Ella está enferma.
8. Somos las hermanas _____ Ramón.
9. Leen el anuncio _____ la una.

V. Change the prepositional phrase to a possessive.

Example: El libro de Juan está aquí.   Su libro está aquí.

1. El coche de nosotros es de color gris.
2. ¿Cómo se llama el primo de Uds.?
3. Los padres de Ana no hablan inglés.
4. No conozco al amigo de Teresa y de Ud.
5. La universidad de mi hermano está en Sacramento.

VI. Fill in the correct possessive adjective.

1. _____ Es (our) universidad.
2. _____ Son (my) tíos.
3. _____ Llamo a (your-familiar form) familia.
4. _____ Es (his) música.
5. _____ Hablan con (their) hijas.
6. _____ ¿Quiere ir a (your-formal form) casa?
7. _____ Busco a (her) amigos.
8. _____ Estamos en (our) edificio.
9. _____ Llevo (my) bolsas.

VII. Write out the problem and answer in Spanish.

1. $80 \times 7 =$
2. $2{,}100 \div 3 =$
3. $43 \times 5 =$
4. $98 - 12 =$
5. $3{,}300 + 700 =$
6. $900 - 21 =$
7. $150 \div 2 =$
8. $1776 + 204 =$

VIII. Free Response

1. ¿De quién son las escobas?
2. ¿En qué día tenemos el examen?
3. ¿Es tu libro?
4. ¿Dónde está la mesa?
5. ¿En qué fecha va Ud. a Puerto Rico?
6. ¿De quién es la revista?
7. ¿Es mi dinero?
8. ¿Es hoy el 12 de octubre?
9. ¿A cómo estamos?

VOCABULARIO CLAVE QUE VIENE

estar de vacaciones to be on vacation
el **centro** downtown
el **teatro** theater
la **avenida** avenue
incluir to include
la **librería** bookstore
pasar to pass
el **edificio** building
hecho, -a done
el **azulejo** tile
el **estilo** style

adentro inside
el **altar** altar
el **oro** gold
detallado, -a detailed
según according
la **iglesia** church
pertenecer to belong
el **gobierno** government
el **sacerdote** priest
al lado de next to
el **apodo** nickname
el/la **turista** tourist

el **parque** park
el **limpiabotas** shoe shiner
lejos far away
el **monumento** monument
levantarse to get up
llegar to arrive
creer to believe
magnífico, -a magnificent
merecer la pena to be worth the effort

más adelante farther along
ya already
la **distancia** distance
la **torre** tower
hacia toward
el **rascacielos** skyscraper
el **símbolo** symbol
la **fe** faith
sigue (he) continues
la **entrada** entrance

El Palacio de Bellas Artes.

LECTURA 2
La Ciudad de México

Marcos está de vacaciones. Visita la Ciudad de México. Camina por el centro y ve teatros en la avenida Juárez. También él ve que hay muchos negocios. Los negocios incluyen una librería. Además, Marcos pasa cerca de un edificio hecho de azulejos. ¡Qué estilo más atractivo!

Después de ver tanto, Marcos decide descansar en el parque Alameda. Cerca de él está un limpiabotas. El limpiabotas no puede descansar. Tiene un cliente. No muy lejos está un monumento. Es un monumento en honor de Benito Juárez. Marcos se levanta y camina más. Llega al famoso Palacio de Bellas Artes. Marcos cree que es un edificio magnífico. ¡Merece la pena* caminar tanto!

Más adelante** hay otros negocios. Marcos ya tiene hambre. Casi hace una compra. Pero ve en la distancia una torre. Camina hacia la torre. Es un rascacielos que se llama la Torre Latinoamericana. Más adelante Marcos ve otra torre. Esta vez es una de las torres de la catedral de la Ciudad de México. La catedral es un símbolo de la fe católica en México. Marcos sigue hacia una de las entradas de la catedral. La catedral es una obra artística.

Adentro Marcos ve la riqueza de los altares. El trabajo en oro es muy detallado. Según la Constitución mexicana, todas las iglesias pertenecen al gobierno. Los sacerdotes pueden usar las iglesias pero no son los dueños. Cerca de la catedral están los edificios del gobierno nacional. Los edificios están al lado de la famosa Plaza de la Constitución. La plaza tiene el apodo "El Zócalo". Es la plaza más famosa de México. Finalmente Marcos decide ir a casa; es mucho trabajo ser turista.

*¡Merece la pena… It's worth the effort…
**Más adelante…Farther along…

Preguntas sobre la lectura

1. ¿Qué ciudad visita Marcos?
2. ¿Qué ve en la avenida Juárez?
3. ¿Dónde descansa Marcos?
4. ¿Quién no puede descansar? ¿Por qué?
5. ¿Qué piensa Marcos del Palacio de Bellas Artes?
6. ¿Compra Marcos algo?
7. ¿Cómo se llama el rascacielos?
8. ¿A quién pertenecen todas las iglesias?
9. ¿Dónde están los edificios del gobierno?
10. ¿Cuál es el apodo de la plaza?
11. ¿Cree Ud. que Marcos va a descansar?

La Torre Latinoamericana es un rascacielos.

REPASO

I. **Give the antonym (the opposite) of each word.**

   1. sin/ _____
   2. gordo/ _____
   3. comprar/ _____
   4. contestar/ _____
   5. inteligente/ _____
   6. perder/ _____
   7. después/ _____
   8. la mañana/ _____
   9. descansar/ _____
   10. aquí/ _____
   11. dar/ _____

II. **Conjugate the following verbs in the present tense.**

   1. (Visitar) la casa.
   2. (Decidir) pronto.
   3. (Decir) la verdad.
   4. (Hacer) todo.
   5. (Jugar) demasiado.
   6. (Ser) inteligente.
   7. (Pensar) mucho.

III. **Decide whether or not each statement is true. If it is not, correct the statement.**

   1. La primavera comienza en julio.
   2. Se contesta el teléfono con "Buenos días" en España.
   3. "Por supuesto" significa "nunca".
   4. Se dice "chau" o "adiós".
   5. Chapultepec es una universidad.
   6. Un médico trata de curar a los pacientes.
   7. El año tiene trece meses.
   8. Francisco es un apellido.
   9. Se habla español en Guatemala.
   10. En España y México las playas están en las montañas.
   11. *Shakeys* vende miel.
   12. El limpiabotas es un parque.

IV. **Write an eight sentence composition, using at least five different verbs, about *your family*.**

V. Fill in an appropriate demonstrative.

1. ¿Quieres estas pastillas o (those)?
2. ¿Compramos esa lechuga o (this one)?
3. Me gustan (those) médicos.
4. Este edificio y (that one) son viejos.
5. (That) hombre es muy amable.
6. ¡(This) es imposible!

VI. The following sentences are not in logical order. Reorder them to make a logical paragraph. Make sure that the sequence of events makes sense.

1. Finalmente Ricardo recibe una receta del médico.
2. Primero el médico examina a Ricardo.
3. Va a la farmacia.
4. Ricardo está enfermo.
5. Consigue la medicina.
6. Visita al médico.
7. Luego él le dice a Ricardo que no es un caso grave.

VII. Fill in an appropriate word from the list below.

En el centro de la ciudad hay muchos _____.

La Alameda es un _____.

Marcos está de _____.

La Torre Latinoamericana es un _____.

La catedral de México es un símbolo de la fe _____.

En México todas las iglesias pertenecen al _____.

El Zócalo es una _____.

Marcos es un _____.

vacaciones	parque
católica	plaza
turista	negocios
gobierno	rascacielos

RINCÓN DE CULTURA
Transportation

The automobile is a basic part of Mexican life today. As in the U.S., highways are built to handle the large number of cars on the roads. Nevertheless, in major Mexican cities traffic jams are common. Parking is hard to find and some ingenious drivers even park on the sidewalk.

Other forms of transportation are available for the many who cannot afford to buy a car and for those who do not wish to drive. The trolley car or street car offers an inexpensive way to travel. However, trolley cars are only found in larger cities. An even more popular form of public transportation is the bus. In Mexico City, first class busses are known as *delfines* ("dolphins") and second class ones as *ballenas* ("whales"). If you have enough money, you may prefer to travel in a VW taxi. VW taxis as well as other taxis are found on all major streets of an important city.

As you would expect, there are traffic signs for both pedestrians and drivers. Street signs vary in quality and visibility. Signs pointing towards the subway *(metro)* and the bus station *(terminal de autobuses)* are important to the many people who need to travel cheaply. The subway system in Mexico City is one of the most modern in the world.

If you are in a major city and are willing to drive in heavy traffic, then you may wish to rent a car. In Mexico look for a car sign that says *rentar. Rentar* is taken from the English "to rent." Usually in Spanish we say "*alquilar.*" Of course, another possibility is to buy a car. Cars are so expensive in Mexico that you may decide to buy a used one. Used cars are sometimes advertised as *semi-nuevos* ("semi-new"). Weekends are a good time for shopping for a car. Most car dealerships are open then.

Once you have purchased a car you will have to face a series of problems. One major problem is finding a place to park the car. Leaving a car on the street can be unsafe. Unless you have mechanical abilities, you will have to find a reliable mechanic. Fortunately, Mexican mechanics usually charge less than their U.S. counterparts. It is customary to keep a car as clean and polished as possible. It is not unusual for the well-to-do to pay someone to wash a car. The job is usually well done.

As is true in all countries, you never know when and where a car may break down. You may be about to make a turn onto a busy street and not be able to make it. There are not any guarantees in terms of performance. Another serious problem is car accidents. Some Mexicans tend to drive aggressively and the results can be a smashed-up car on a major street. Such a sight is a warning to all drivers.

The price of gasoline in Mexico — as in most places — is very high. A government monopoly, *PEMEX,* controls the production of gasoline. For most cars premium gasoline is necessary. Fortunately, service at a gas station is usually good. Mexico has few self-service stations.

Many forms of transportation are available in the Hispanic world.

Drive-in service is available in some large cities.

LA GRAMÁTICA

I. Stem-changing Verbs: $e \rightarrow i$

1. In the present tense there are some common -*ir* verbs whose stem vowel changes from *e* to *i* in certain forms. This stem change takes place when the stem is stressed, that is, accented in speech, and when the present participle form is used. Consequently, the change does not occur in the infinitive and the *nosotros* and *vosotros* forms. See the SUPLEMENTO for a list of some stem-changing verbs of this type.

repetir — to repeat

(yo)	rep*i*to
(tú)	rep*i*tes
(usted) (él, ella)	} rep*i*te
(nosotros -as)	rep*e*timos
(vosotros -as)	rep*e*tís
(ustedes) (ellos, ellas)	} rep*i*ten

present participle = rep*i*tiendo

2. Of the stem-changing verbs of this type, *decir* has the irregular first person form *digo,* while *seguir* and *conseguir* have the first person forms *sigo* and *consigo* respectively.

II. Simple Prepositions

a, al* — to; at (with time)
con — with
contra — against

de, del* — from, of, about
en — in, on, at (refers only to place)
entre — between, among
hacia — toward(s)

hasta — up to, until
para — for, in order to, to
por — for, by, through, along, because
según — according to
sin — without
sobre — on, about

1. The above prepositions are some of the most common in Spanish.

2. Do not forget that prepositions in Spanish are never placed at the end of a sentence. They must always precede their objects. This is true even when the object is a question word. For example, in English we can say either "where are you *from?*" or "*from* where are you?" However, in Spanish there is only one possibility in terms of the placement of the preposition: ¿De dónde es Ud?

3. We say *estoy* en *la universidad* for "I'm *at* the university."

4. *Sobre* can be used with time as in *vamos sobre la una* (we're going *about* one o'clock).

III. Pronouns after a Preposition

a *mí*	to me
a *ti*	to you
a *usted*	to you
a *él*	to him
a *ella*	to her
a *nosotros*	to us
a *vosotros*	to you
a *ustedes*	to you
a *ellos*	to them
a *ellas*	to them

1. The preposition *a* is used with the above list of prepositional pronouns. Other prepositions such as *sin* and *hacia* could have been used instead. However, the preposition *con* has the special forms *conmigo* (with me) and *contigo* (with you, familiar form). With the exception of *con,* the choice of preposition does not affect any of the prepositional pronouns.

2. The prepositional pronouns are identical to subject pronouns with the exception of *mí* and *ti*. Incidentally, the prepositional pronoun *mí* is accented in writing to distinguish it from the possessive *mi* ("my").

*al = to the; *del* = from the, etc.

IV. Possessive Adjectives

Before a noun		After a noun
mi amigo	my friend	el amigo *mío*
tu amigo	your friend	el amigo *tuyo*
su amigo	his, her, your, their friend	el amigo *suyo*
nuestro amigo	our friend	el amigo *nuestro*
vuestro amigo	your friend	el amigo *vuestro*

1. *Mi, tu,* and *su* change for number (singular/plural) only. The gender of the noun does not matter.

Singular	Plural
mi amigo	mis amigos
mi amiga	mis amigas

2. *Nuestro, vuestro, mío, tuyo,* and *suyo* change for both number and gender.

Singular   **Plural**

nuestr**o** amig**o**   nuestr**os** amig**os**
nuestr**a** amig**a**   nuestr**as** amig**as**

el amig**o** suy**o**   los amig**os** suy**os**
la amig**a** suy**a**   las amig**as** suy**as**

3. Possession in Spanish is normally expressed either with a possessive adjective (*mi,* etc.) or with *de.*

La medicina es *de* Cristina.   The medicine is Cristina's.
Es el periódico *de* mi   It's my brother's newspaper.
  hermano.
Es la mamá *del* médico.   She's the doctor's mother.

Note that *'s* does not exist in Spanish.

4. Possessive adjectives agree in number and gender with the thing possessed and not with the possessor.

The Possession of One   **The Possession of More Than**
Thing   **One Thing**

Este es *su* libro.   Estos son *sus* libros.
(This is his (her, your, their)   (These are his (her, your, their)
  book.)   books.)

5. The phrases *su libro* and *el libro suyo* may mean *el libro de él, de ellos, de ella, de ellas, de usted,* or *de ustedes.* If the meaning of *su* or *suyo* is unclear from the context, use whichever of the latter phrases (*de él,* etc.) is appropriate.

VOCABULARIO

aconsejar to advise
adelante ahead
   más adelante farther along
adentro inside
afortunadamente fortunately
el altar altar
allí over there
la amiga (female) friend
anoche last night
el apellido last name, surname
el apodo nickname
aprovechar to take advantage of
artístico, -a artistic
la aspirina aspirin
la avenida avenue
el ayudante assistant
el azulejo tile
el baile dance
la biblioteca library
billón trillion
la cabeza head
el caso case
la catedral cathedral
católico, -a Catholic
celebrar to celebrate
el centro downtown
cerca close by
   cerca de near
cien hundred
clave key
el cliente client
cobrar to charge
la constitución constitution
contestar to answer
contra against
cuarto fourth
cuatrocientos four hundred
curar to cure
décimo tenth
decir to say
descansar to rest
despedir to fire
despedirse to say goodbye
detallado, -a detailed
¿De veras? Really?
dices you say (form of decir)

la distancia distance
el dolor pain
   el dolor de cabeza headache
don (title of respect)
doscientos two hundred
la dueña (female) owner
el dueño owner
el dulce (piece of) candy
el edificio building
la enfermera nurse
el enfermo sick person
la entrada entrance
entre among, between
escuchar to listen
el esfuerzo effort
el estilo style
examinar to examine
explicar to explain
la facultad school or college (within the university)
   la facultad de humanidades school of humanities
la farmacia pharmacy
la fe faith
la fecha date
físico, -a physical
la foto(grafía) photography, photograph
general general
   por lo general generally
el gobierno government
grave serious
hacia toward
el hambre hunger
   tener hambre to be hungry
hecho, -a made
el honor honor
la humanidad humanity
la iglesia church
incluir to include
   incluye (form of incluir) includes
el lado side
   al lado de next to
latinoamericano, -a Latin American
lejos far away
levantarse to get up
la librería bookstore

el **limpiabotas** shoe shiner
llegar to arrive
magnífico, -a magnificent
la **medicina** medicine
mejorarse to improve
merecer to be deserving
   merecer la pena to be worth the effort
mil millones billion
mío, -a my
el **monumento** monument
el **mosaico** mosaic
muchísimo, -a very much
necesitar to need
novecientos nine hundred
noveno ninth
nuestro, -a our
la **obra** work
octavo eighth
ochocientos eight hundred
la **oficina** office
el **oro** gold
el **paciente** patient
el **paquete** package
la **pared** wall
el **parque** park
pasar to pass
la **pastilla** pill, tablet
perderse to get lost
pertenecer to belong
el **pintor** painter
la **pintura** painting
quinientos five hundred
quinto fifth
el **rascacielos** skyscraper
la **receta** prescription
repetir to repeat
sacar to take (photos)
el **sacerdote** priest
la **secretaria** secretary
seguir to continue, to follow
segundo second
seiscientos six hundred
séptimo seventh
serio, -a serious
  en serio seriously
servir to serve
setecientos seven hundred
sexto sixth
sigue (form of **seguir**) continues

el **símbolo** symbol
solamente only
suyo, -a his, her, your, their
tarde late
   más tarde later
el **teatro** theater
tercero third
ti you (after preposition)
la **torre** tower
tratar de to try
trescientos three hundred
tu your (familiar)
el **turista** tourist
tuyo, -a your (familiar)
la **universidad** university, college
las **vacaciones** vacation(s)
vestirse to get dressed
la **visita** visit
vuestro, -a your (plural)

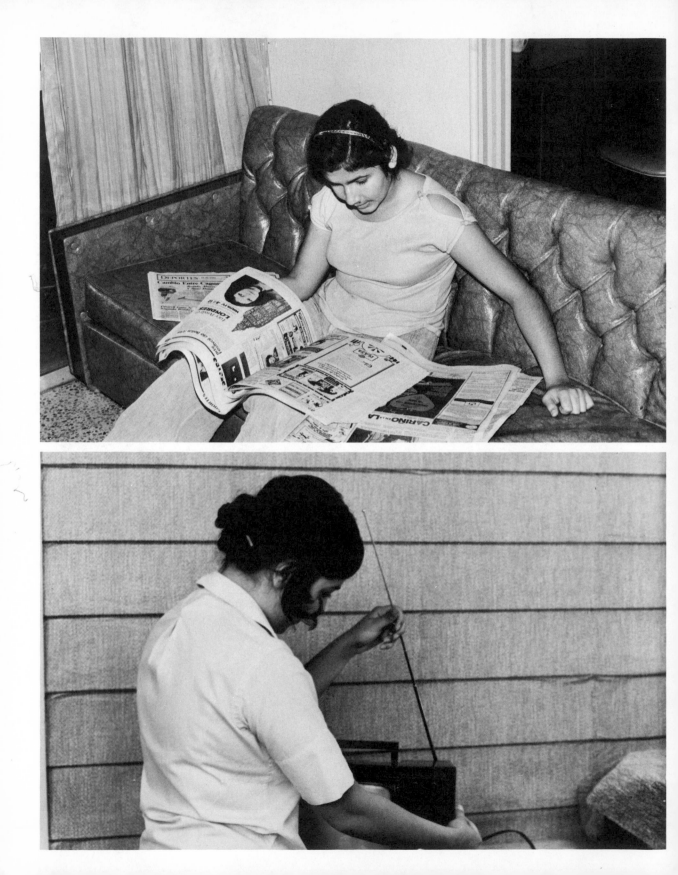

DIÁLOGO
La televisión

GLENDA: Este programa fue muy bueno la semana pasada.

PITO: Pero me gustó más el programa de detectives.

GLENDA: El otro día encontré una descripción de los programas.

PITO: Sí, Glenda, me lo contaste. Pero no sé dónde está la descripción.

GLENDA: Bueno, no la encontramos.

GLENDA: De todos modos pongo el televisor. Vamos a ver lo que hay.

PITO: Me dormí durante este programa la última vez.

GLENDA: Pito, ¡no te quejes! Laura y yo lo vimos también. Fue muy interesante.

PITO: ¡Este programa es demasiado! ¡Qué pérdida de tiempo!

GLENDA: Sí, esta semana no pasa nada.

PITO: La vez pasada me marché y ahora voy a hacer lo mismo.

GLENDA: Me quedo para leer el periódico. Hoy me aburre tanto la televisión que prefiero leer.

Preguntas sobre el diálogo

1. ¿Qué encontró Glenda el otro día?
2. ¿Quién pone el televisor?
3. Según Glenda, ¿cómo fue el programa?
4. ¿Qué piensan hoy Pito y Glenda del programa?
5. ¿Quién decide irse?
6. Finalmente, ¿qué hace Glenda?

Television

GLENDA: This program was very good last week.

PITO: But I enjoyed the detective program more.

GLENDA: The other day I found a description of the programs.

PITO: Yes, you told me about it. But I don't know where the description is.

GLENDA: Well, we didn't find it.

GLENDA: Anyhow I'll turn on the T.V. Let's see what's on.*

PITO: I fell asleep during this program last time.

GLENDA: Don't complain! Laura and I also saw it. It was very interesting.

PITO: This program is too much! What a waste of time!

GLENDA: Yes, this week nothing is happening.

PITO: Last time I left and now I'm going to do the same thing.

GLENDA: I'll stay to read the newspaper. Today T.V. bores me so much that I prefer to read.

*literally = "…what there is."

EXPRESIONES Y PALABRAS ÚTILES

Me lo contaste.	You told me about it.
No sé dónde está…	I don't know where it is…
Vamos a ver lo que hay.	Let's see what there is.
Me dormí…	I fell asleep…
¡No te quejes!	Don't complain!
¡…es demasiado!	…it's too much!
¡Qué pérdida de tiempo!	What a waste of time!
Me marché.	I left.
Voy a hacer lo mismo.	I'm going to do the same thing.

SUPLEMENTO

1. **In addition to** *programa*, **some other important masculine nouns that end in** *a* **are:**

   el día   day
   el drama   drama, play
   el mapa   map
   el problema   problem
   el tema   topic, theme

El día   El drama   El mapa   El problema

2. **A reflexive verb such as** *quejarse* **(to complain) has the following forms:**

(yo)	me quejo
(tú)	te quejas
(Ud.) (él, ella)	se queja
(nosotros, -as)	nos quejamos
(vosotros, -as)	os quejáis
(Uds.) (ellos, ellas)	se quejan

3. **Some terms that are often associated with the past are:**

   el mes pasado   last month
   anoche   last night
   el año pasado   last year
   ayer   yesterday
   la semana pasada   last week
   la última vez   the last time
   la vez pasada   the last time
   anteayer   the day before yesterday

4. The *preterite* is a verb tense used to deal with the past.

   a. Regular -*ar* verbs have the following forms in the *preterite:*

   trabajar — to work

(yo)	trabajé	I worked
(tú)	trabajaste	you worked
(Ud.) (él, ella)	trabajó	you, he, she worked
(nosotros, -as)	trabajamos	we worked
(vosotros, -as)	trabajasteis	you worked
(Uds.) (ellos, ellas)	trabajaron	you, they worked

   b. Regular -*er* and -*ir* verbs have the following forms in the *preterite:*

   vivir — to live

(yo)	viví	I lived, etc.
(tú)	viviste	
(Ud.) (él, ella)	vivió	
(nosotros, -as)	vivimos	
(vosotros, -as)	vivisteis	
(Uds.) (ellos, ellas)	vivieron	

5. *Ser* (to be) and *ir* (to go) are irregular in the *preterite*. Note that they have the same forms.

(yo)	fui	I was, etc. **or** I went, etc.
(tú)	fuiste	
(Ud.) (él, ella)	fue	
(nosotros, -as)	fuimos	
(vosotros, -as)	fuisteis	
(Uds.) (ellos, ellas)	fueron	

EJERCICIOS DE PRONUNCIACIÓN

/č/ For this sound, the tip of the tongue touches the lower teeth lightly and the blade contacts the roof of the mouth. This sound has the written symbol *ch*.

china	**ch**iste (joke)
e**ch**ar de menos	**ch**ocolate
choque (collision)	¡Qué **ch**évere! (How wonderful!)
chico (boy)	**ch**iles
chica (girl)	mu**ch**o

Echo de menos a ese chico.

¡Qué chévere! Hay chocolate.

La chica contó el chiste después del choque.

Oral Repetition

EJERCICIOS ORALES *the came. the saw, the conquered*

Preterite

1. No lo encontraste.   No lo encontraste.

   Ellos
   Ud.
   Pito
   Glenda y yo
   Tú

2. Laura y yo lo vimos.   Laura y yo lo vimos.

   Ud.
   Nosotros
   Isabel y Fernando
   Tú
   Uds.

3. El fue muy bueno. (IR or SER?)   El fue muy bueno.

   Tú
   Uds.
   Nosotras
   Laura y él
   Ud.

4. **Repeat the sentence adding a correct subject pronoun.**

¿Escribiste _____ todo?   ¿Escribiste *tú* todo?

¿Escribimos _____ todo?

¿Escribieron _____ todo?

¿Escribí _____ todo?

¿Escribió _____ todo?

5. _____ compró algo.   *Ud.* (o *él, ella*) compró algo.

_____ compraron algo.

_____ compraste algo.

_____ compró algo.

_____ compramos algo.

_____ compré algo.

Present tense → Preterite tense

6.   ***Example:*** *Comemos la ensalada.*   *Comimos la ensalada.*

Practican el tenis.

Caminas mucho.

Vende el producto.

Trabajamos después.

¿Leo el periódico?

Somos jóvenes.

Escribe después.

¿Comes poco?

Soy inteligente.

Ud. ve todo.

Direct Object Pronouns

7. **Replace the object noun with a direct object pronoun.**

       Example: *Quiero el libro.*   *Lo quiero.*

Buscamos los televisores.

¿Ves la torre?

Saco las fotos.

Llaman a la enfermera.

Estudias los libros.

Hago el trabajo.

Visité al camarero.

Explicaron las preguntas.

Encontramos los negocios.

Recibió la comida.

Devolviste el periódico.

Usó las casas.

8. **Answer in the negative with a direct object pronoun.**

      Example: ¿Ven Uds. el edificio?   *No, no lo vemos.*

¿Conocen Uds. la universidad?
¿Tienes las pinturas?
¿Llaman ellos al turista?
¿Estudias los bailes?
¿Saben Uds. el número?

¿Vieron ellas al amigo?
¿Buscaste a las muchachas?
¿Tomó Ud. la bebida?
¿Visitaron Uds. esos lugares?
¿Comió Ud. el postre?

Reflexive Verbs

9. Me marcho a las dos.   Me marcho a las dos.
    Tú
    Ud.
    Uds.
    Nosotras
    El
    Ellos

10. Se duermen ahora.   Se duermen ahora.
    Elena
    Tú
    Yo
    Uds.
    Pito y yo
    Laura y Carolina

11. Me quejé al vendedor.   Me quejé al vendedor.
    Uds.
    Ricardo y yo
    La dueña
    Ellos
    Tú
    Ud.

Free Response

12. ¿Te gustó el programa?
    ¿Leíste el periódico?
    ¿Encontraron Uds. el televisor?
    ¿Te aburriste?
    ¿Cómo fue el programa?

VOCABULARIO CLAVE QUE VIENE

el **campamento** camp
al upon
el/la **campamentista** camper
la **aduana** customs
el **consejero** counselor
el **equipaje** luggage
tomar to take
la **cosa** thing
escrito, -a written
cualquier any
la **cabaña** cabin

el **país** country
el **comedor** dining room
el **cocinero** cook

la **natación** swimming
nadar to swim
el **títere** puppet
entusiasmarse to become
enthusiastic
el **proyecto** project
asistir to attend
la **clase** class
claro of course
la **guitarra** guitar

participar to participate
el **volibol** volleyball
el **campeonato** championship
el **francés** French
el **alemán** German
el **año** year

próximo, -a next
¿verdad? right?

cambiar to exchange
el **banco** bank
la **banquera** (female) banker
amable nice
eficaz efficient
el **regalo** gift
la **tienda** store

prepararse to prepare
oneself
el **chiste** joke
sobre todo above all
el **éxito** success

LECTURA 1
El campamento

Al llegar al campamento, los campamentistas pasaron por la aduana. Los consejeros revisaron todos los documentos. También revisaron el equipaje de los campamentistas. Los consejeros tomaron todo el contrabando: cosas escritas en inglés y cualquier comida. Luego los campamentistas vieron las cabañas por primera vez. Además caminaron por el campamento leyendo letreros y gozando del lugar.

Conocieron rápidamente a los consejeros. Estos consejeros son de Estados Unidos, Colombia y otros países hispánicos. Un lugar popular para los consejeros y los campamentistas es el comedor. ¡Qué comida más rica! Los cocineros también son un grupo internacional.

La natación y otras actividades acuáticas fueron muy populares. Después de nadar, los campamentistas descansaron en el sol. Poco a poco los campamentistas se conocieron. Trabajaron juntos en la creación de títeres y otros objetos. Muchos campamentistas se entusiasmaron por sus proyectos. Algunos asistieron a la clase de cocina. Aprendieron a cocinar platos hispánicos. Otros se interesaron en las clases de música. Claro que la guitarra fue el instrumento más popular.

Los campamentistas participaron en muchos deportes. El volibol fue uno de los deportes de equipo. Otro deporte de equipo fue el futbol. Muchos campamentistas practicaron el futbol. Y en el campeonato de todos los campamentos ganaron los campamentistas del campamento hispánico. Los campamentistas que estudian francés, alemán, etc. practicaron poco. Pero el año que viene...

Se cambiaron todos los dólares por pesos mexicanos en el banco del campamento. La banquera fue muy amable y eficaz. Con los pesos los campamentistas compraron regalos y otras cosas en la tienda. Los consejeros que fueron dependientes en la tienda no descansaron nunca. ¿Por qué? Porque los campamentistas nunca se cansaron de comprar.

Otros consejeros se prepararon para dar las clases de español. Los campamentistas aprendieron mucho de los consejeros de Chile y otros países. Aun aprendieron chistes hispánicos. Pero sobre todo conocieron mejor el español. Todo no fue trabajo. Asistieron por la noche a fiestas y a otras actividades especiales. Las actividades de más éxito fueron la fiesta mexicana y la hora del "Gong".

¿No quieres ir al campamento hispánico? Vamos a verte el próximo verano, ¿verdad?

Preguntas sobre la lectura

1. ¿Por dónde pasaron los campamentistas?
2. ¿Qué fue el contrabando?
3. ¿De dónde son los consejeros?
4. ¿Cuál fue una de las actividades acuáticas?
5. ¿Qué aprendieron en la clase de cocina?
6. ¿Cuáles fueron dos deportes de equipo?
7. ¿Quiénes practicaron poco el futbol?
8. ¿Se usaron dólares en la tienda?
9. ¿Por qué nunca descansaron los dependientes?
10. ¿Quiénes fueron los estudiantes en las clases de español? ¿Los consejeros?

El camping es más y más popular.

EJERCICIOS ESCRITOS

I. **Change each sentence from the preterite to the present tense.**

> *Example:* *Ellos descansaron mucho.*
> *Ellos descansan mucho.*

1. Los campamentistas vieron las cabañas.
2. Trabajé con él.
3. Volviste a las cinco.
4. Te interesaste en la clase.
5. Los otros campamentos ganaron.
6. Preferí estudiar.
7. Ramón fue médico.
8. Asistimos a la fiesta.
9. Se entusiasmaron por el proyecto.

II. **Use each term and each noun to create a sentence in the preterite. Use a different verb for each sentence.**

> *Example:* anoche   drama
> *Anoche vimos el drama.*

1. el año pasado   campamento
2. anteayer   tema
3. El mes pasado   banco
4. ayer   clase
5. la última vez   volibol
6. el año pasado   tienda
7. La vez pasada   mapa

III. **Rewrite the paragraph in the preterite.**

Visito el campamento hispánico. Primero paso por la aduana. Luego camino por el campamento. Los otros campamentistas llegan hoy también. Conozco a cuatro de ellos. Jugamos ping pong juntos. Después ellos compran regalos en la tienda. Comemos en el comedor. Entonces vamos a la clase de español. Aprendo mucho. Me gusta todo; no me quejo de nada. El campamento es muy interesante.

IV. **Free Response**

1. ¿Visitaste un campamento el verano pasado?
2. ¿Te gustó la natación?
3. ¿Practicaron ellas el volibol ayer?
4. ¿Aprendieron Uds. chistes en clase?
5. ¿Dónde comió Ud. hoy?
6. ¿Asististe a muchas fiestas el año pasado?
7. ¿Quiénes se interesaron en la música?
8. ¿Cambió Ud. sus dólares por pesos?
9. ¿Se prepararon Uds. bien para la clase?

V. Fill in the correct object pronoun.

FELIPE: ¿Comes los tacos?

MÓNICA: No, no _____ como. Salgo ahora. Voy al campamento hispánico. ¿_____ conoces?

FELIPE: Sí, está en un lugar muy bonito. ¿Quieres tomar esta Coca-Cola?

MÓNICA: No, no _____ puedo tomar. Te digo que salgo ahora.

FELIPE: ¿Conoces a algunos de los consejeros?

MÓNICA: No, no _____ conozco. Y tú, ¿_____ conoces?

FELIPE: Sí, conozco a Felix. Es un muchacho de Chile...

Una hora después

MÓNICA: ¿Dónde está el autobús? No _____ veo. ¡Ay, no! Ahora no puedo ir al campamento.

FELIPE: ¡No hay problema! Tengo el coche de mi hermano. _____ vamos a usar. ¡Hablé demasiado! Así soy.

VI. Answer each question using a direct object pronoun.

1. ¿Usaste los pesos?
2. ¿Vieron Uds. el banco?
3. ¿Conoció Ud. a la banquera?
4. ¿Estudiaron Uds. el proyecto?
5. ¿Preparaste las cabañas?
6. ¿Tomó Ud. los regalos?
7. ¿Vendieron ellos la sandía?

VII. Fill in the correct reflexive pronoun.

1. _____ dormí.
2. _____ marchamos.
3. _____ quedaste una hora.
4. _____ quejó mucho.
5. _____ cansaron pronto.
6. _____ preparé bien.
7. _____ interesamos en el problema.
8. _____ entusiasmé.
9. _____ cambiaron los pesos.

VIII. Fill in the correct form of the verb and the corresponding reflexive pronoun.

1. _____ Anoche nosotros (dormirse) a las once.
2. _____ Ahora ellos (lavarse) las manos.
3. _____ En este momento (yo) (prepararse) para ir a la fiesta.
4. _____ Anteayer (tú) (marcharse) primero.
5. _____ Mañana Uds. van a (cansarse).
6. _____ Ayer Ud. (quedarse) en el campamento.
7. _____ El domingo pasado tú (quejarse).

153

VOCABULARIO CLAVE QUE VIENE

durante during
último, -a last
el **baile** dance
escuchar to listen
el **traje** outfit (suit, etc.)
el **día de fiesta** holiday
la **experiencia** experience

contar to tell
el **tocadiscos** record player
seguidos, -as continuous
a causa de because of
el **disco** record
la **venta** sale
el **entusiasmo** enthusiasm
existir to exist
el/la **joven** young person

la **peña** coffee house, club
la **suerte** luck
alto, -a high
la **calidad** quality
cantar to sing
la **canción** song
el **amor** love
perdido, -a lost
olvidarse to forget

el/la **guitarrista** guitar player
maravilloso, -a marvelous
tocar to play
menor younger
insistir to insist
oír to hear
sorprenderse to be surprised

rítmico, -a rhythmic
el **Caribe** Caribbean
el **cantante** singer
la **historia** story
el **tambor** drum
el **modo** way
puertorriqueño Puerto Rican
formar to form
sueño (con) I dream (about)

LECTURA 2
La música

Soy Pilar González. Durante mi último viaje a México, vi bailes indígenas y escuché música de los indios. Me gustó muchísimo esta música. Los indios solamente llevan trajes especiales para días de fiesta. La música indígena fue una nueva experiencia para mí.

En la Ciudad de México conocí a Priscila Rodríguez. Ella me contó que una vez usó el tocadiscos y escuchó la música popular mexicana por cinco horas seguidas. Se entusiasmó tanto a causa de los discos. Los discos son de tipo "folk-rock". Los compró en un negocio de discos durante una venta. Ese entusiasmo por la música moderna de México y de otros países existe entre muchos jóvenes mexicanos.

También en México visité la peña que se llama El Cóndor Pasa. ¡Qué buena suerte! Escuché a varios grupos folklóricos de muy alta calidad. Cantaron canciones de protesta social, de amor perdido, etc. Fue la música folklórica de toda Hispanoamérica. Nunca voy a olvidarme de esa experiencia.

En un viaje a España conocí a María Cristina. La conocí en Madrid. ¡Qué guitarrista tan maravillosa! Un día ella tocó un programa de guitarra para sus hermanos. Los hermanos menores insistieron en oír la música de guitarra. Eso no me sorprendió. La música de guitarra es muy popular en España.

Después viajé a Puerto Rico y conocí la música rítmica del Caribe. Los cantantes cantaron historias interesantes. Los músicos tocaron tambores y otros instrumentos típicos. Fue un modo bueno de conocer la cultura puertorriqueña. La música hispánica ya forma parte de mi vida. También escuché la música clásica. En Puerto Rico mi prima tocó el piano para nosotros. ¡Sueño con* la música! ¿Me crees?

*Sueño con... I dream about...

Preguntas sobre la lectura

1. ¿Cuándo llevan los indios los trajes especiales?
2. ¿Dónde conoció Pilar a Priscila?
3. ¿Qué escuchó Priscila por cinco horas?
4. ¿Qué encontró Pilar en la peña El Cóndor Pasa?
5. ¿De qué tipo fueron las canciones?
6. ¿Para quiénes tocó María Cristina?
7. ¿Dónde escuchó Pilar la música del Caribe?
8. ¿Quién tocó el piano?
9. Pilar dice que sueña con la música. ¿Lo crees?

¡Toca muy bien!

REPASO

I. **Rewrite the paragraph in the present tense.**

> Antonio visitó a unos amigos en México. Estudió la música folklórica. Luego se marchó para España. En España tocó la guitarra. Fue una experiencia muy buena. Volvió a Estados Unidos. Estudió la música en la universidad. Aprendió más y más. Escuchó muchísimos discos. Le gustaron las obras folklóricas. Por dos años él trabajó como cantante folklórico. Hoy me contó todo esto. ¡Habló y habló! Me quedé muy cansado.

II. **Fill in the correct particle (preposition or adverb).**

1. _____ Ellos se quedaron (until) la una.
2. _____ Llegó (at) las nueve.
3. _____ (Among) amigos se habla mucho.
4. _____ (Without) ella no puedo hacerlo.
5. _____ Hay dos (against) dos.
6. _____ Pasé (through) el parque.
7. _____ Caminamos (towards) la catedral.
8. _____ Está (on) el tocadiscos.
9. _____ Vamos (to) la biblioteca.

III. **Match each verb on the right with a word or words on the left. Use each verb only once.**

1. _____ la música   pasé
2. _____ a Puerto Rico   comió
3. _____ en el lago   escucharon
4. _____ en el comedor   asististe
5. _____ volibol   visité
6. _____ a los pacientes   jugaste
7. _____ por la aduana   cuidaron
8. _____ a la clase   nadamos

IV. **Free Response**

1. ¿Te gustan los campamentos?
2. ¿Conocen Uds. bien la música folklórica?
3. ¿Sabes tocar la guitarra?
4. ¿Tienen Uds. un tocadiscos?
5. ¿Quién es tu cantante favorito?
6. ¿Visitaron Uds. a México el año pasado?
7. ¿Caminó Ud. mucho ayer?
8. ¿Vieron ellos un programa de televisión anteayer? ¿Cuál?
9. ¿Compró Ud. un televisor?
10. ¿Adónde viajaron Uds. el verano pasado?

V. Fill in the correct possessive adjective.

1. _____ (Our) iglesia está en Nuevo México.
2. _____ (His) padres vivieron en la ciudad.
3. _____ Buscan a (your - familiar form) amigos.
4. _____ ¿Nadaste en (my) alberca?
5. _____ Paso por (your - formal form) casa.
6. _____ Usé (their) tocadiscos.
7. _____ ¿Dónde está (her) descripción?
8. _____ Llegaron a (our) lugar favorito.
9. _____ ¿Cuándo visitas a (my) parientes?
10. _____ Jugó Ud. con (their) equipo.

VI. Write eight sentences, using at least five different verbs in the preterite, about your last Spanish class.

VII. Which word below best describes each statement?

1. Es el lugar a donde van los campamentistas.
2. Se ponen en el tocadiscos.
3. Es la persona que canta.
4. Es un instrumento musical.
5. Es la persona que aconseja.
6. Es el lugar donde se nada.

lago	campamento
guitarra	discos
cantante	consejero

RINCÓN DE CULTURA
The National Museum of Anthropology

The best known museum in Mexico is the National Museum of Anthropology. It is in Mexico City and, in fact, it is on the grounds of Chapultepec Park. The building that houses the Museum has an impressive inner courtyard and a huge fountain that reaches the roof. Outside the building itself you see remains from the Indian past such as a huge head carved out of stone. There were and are many Indian tribes in Mexico. The Museum has much more than just artefacts from the Mayas and Aztecs. There are objects from the Mixtecs, Zapotecs, etc., etc. Some of the objects were carefully built and carved in stone. The intricate carving on the front of a stone temple must have taken many years to complete.

Inside the Museum there are miniature replicas of what important Indian cities looked like centuries ago. The collection of pottery is excellent and very representative of the best in Mexico. The many objects from the past remind us of how important Indian civilizations have been in the history of Mexico. These civilizations rose and fell depending in part on their ability to defend themselves against invaders. Mexican artists have attempted to portray aspects of Indian culture and history. Indian wedding ceremonies and other special occasions are found in paintings.

Perhaps what is most impressive in the National Museum of Anthropology is the construction of scenes that show how different Indian groups in Mexico live today. The means of transportation used — including carts — are in the Museum. Also you see life-size figures representing Indian women making pottery. The tools of the Indians used to make clothing are there as well as their huts for storing supplies. Life-size figures show how each Indian tribe traditionally dresses. And many scenes depict the way each tribe actually lives on a day to day basis — how the tribe worships, works, and eats.

Chichen Itzá has some of the finest remains from the Indian past. The National Museum of Anthropology in Mexico City.

LA GRAMÁTICA

I. The preterite

Spanish verbs have two sets of past tense forms, the *preterite* and the *imperfect*. Each set refers to past time in different ways. We shall discuss the regular preterite here. (The imperfect is introduced in chapter 9.) The forms for the preterite are:

	hablar	comer	vivir
stem	**habl-**	**com-**	**viv-**
	-é	-í	
	-aste	-iste	
	-ó	-ió	
	-amos	-imos	
	-aron	-ieron	
	hablasteis	comisteis	vivisteis

1. In regular forms the stress never falls on the stem in the preterite. The only difference between certain forms is where the stress falls. For example, *habló* is the preterite "he spoke" while *hablo* is the present tense "I'm speaking."

2. Regular *-er* and *-ir* verbs have the same endings in the preterite.

3. For *-ar* verbs, the first person plural form in the preterite is the same as in the present tense. For example, *estudiamos mucho* can mean either "we're studying a lot" or "we studied a lot."

4. For *-ir* verbs the first person form is also the same in the present and the preterite. For example, *escribimos muy poco* can mean either "we're writing very little" or "we wrote very little."

5. However, *-er* verbs have different forms for the first person plural of the preterite and the present. For example, *comimos todo* means "we ate everything" while *comemos todo* means "we're eating everything."

6. *Dar*, "to give," has the endings of *-er* and *-ir* verbs in the preterite: *di, diste, dio, dimos, disteis, dieron*. Note that there is no written accent mark required on monosyllabic forms *(di, dio)*.

II. Direct Object Pronouns

me	*me*	nos	*us*
te	*you*		

lo { *you / him / it* } los { *you / them* }

la { *you / her / it* } las { *you / them* }

os *you*

1. Direct object pronouns are placed immediately in front of *single* verb forms that are conjugated.

   Nos llaman. They're calling *us*.
   No *los* tengo. I don't have *them*.

2. In all verb constructions with an infinitive or a present participle, the object pronoun can be placed either before or after the whole construction. The placement of the object pronoun does not change the meaning. In writing, any object pronoun that is placed after a verb is attached to it.

   Lo vamos a ver.
   Vamos a ver*lo*. We're going to see *it*.

   Lo estoy comiendo.
   Estoy comiéndo*lo*. I'm eating *it*.

3. Direct object pronouns do not distinguish between persons and things.

   Conozco *la playa*
   Conozco a *la mamá*. La conozco.

   Conozco *al muchacho*.
   Conozco *el lugar*. Lo conozco.

4. In some areas of Spain singular *le* and plural *les* replace masculine *lo* and *los* when they refer to people. This is never true for the feminine *la* and *las*.

   Lo conozco.
   or (in parts of Spain) I know him.
   Le conozco.

III. Reflexive Verbs

A number of verbs are accompanied by reflexive pronouns. The reflexive pronouns appear in italics in the following chart:

Yo	*me*	lavo.	I wash myself.
Tú	*te*	vas.	You are leaving.
Usted El Ella	*se*	levanta.	You (he, she) get(s) up.
Nosotros	*nos*	quedamos.	We are staying.
Ustedes Ellos Ellas	*se*	despiertan.	You (they) wake up.

Vosotros *os* bañáis.   You are taking a bath.

1. Reflexive pronouns in English are those pronouns which end in "-self" or "-selves": "myself," "herself," "ourselves," "themselves," etc.

2. At times Spanish and English agree on the use of the reflexive.

   Elena se ve en el espejo.   Ellen sees herself in the mirror.
   Me compré dos libros.   I bought myself two books.

3. There are Spanish verbs which are used with and without the reflexive pronoun. There is one meaning with the reflexive pronoun and another meaning without the reflexive pronoun.

   Ramona se va ahora.   Ramona is leaving now.

   Ramona va ahora a casa.   Ramona is going home now.

4. a) The reflexive pronoun is used in Spanish with some verbs while none is used in English.

   Pedro se despertó.   Peter woke up.
   Tú te levantaste.   You got up.
   Yo me bañé.   I took a bath.

   b) These same verbs are no longer reflexive when they refer to an object different from the subject.

   Pedro despertó a los niños.   Peter woke up the children.
   Tú levantaste la mesa.   You picked up the table.
   Yo bañé al bebé.   I gave the baby a bath.

VOCABULARIO

aburrirse to become bored
acuático, -a aquatic
la aduana customs
el alemán German
alto, -a high
el amor love
anteayer the day before yesterday
asistir to attend
ayer yesterday
el banco bank
el banquero banker
la cabaña cabin
la calidad quality
cambiar to exchange
el/la campamentista camper
el campamento camp
el campeonato championship
la canción song
el cantante singer
cantar to sing
el Caribe Caribbean
la causa cause
   a causa de because of
la clase class
clásico, -a classical
el cocinero cook
el comedor dining room
el consejero counselor
el contrabando contraband
la cosa thing
la creación creation
cualquier any
la cultura culture
el chiste joke
el dependiente clerk
la descripción description
el detective detective
el disco record
el documento document
el dólar dollar
dormirse to fall asleep
el drama play
eficaz efficient
entusiasmarse to become enthusiastic
el equipaje luggage
escrito, -a written
especial special

existir to exist
el éxito success
la experiencia experience
la fiesta party
   el día de fiesta holiday
folklórico, -a folkloric
formar to form
el francés French (language)
la guitarra guitar
el/la guitarrista guitar player
hispánico, -a Hispanic
Hispanoamérica Spanish America
la historia story
insistir (en) to insist
el instrumento instrument
interesarse to become interested
internacional international
el/la joven young person
la you, her, it
las you, them
lo you, him, it
los you, them
llevar to wear
el mapa map
maravilloso, -a marvelous
marcharse to leave
me me
menor younger
el mes month
mismo same
   lo mismo the same thing
moderno, -a modern
el muchacho boy
muchísimo very much
nadar to swim
la natación swimming
nos us
nuevo, -a new
   de nuevo again
el objeto object
oír to hear
olvidarse to forget
os you
el país country
participar to participate
pasado, -a past
la peña coffee house, club

la **pérdida** waste, loss
    perdido, -a lost
el **periódico** newspaper
el **peso** peso
el **piano** piano
la **playa** beach
    prepararse to prepare oneself
el **programa** program
la **protesta** protest
    próximo, -a next
el **proyecto** project
    puertorriqueño, -a Puerto Rican
    quedarse to remain
    quejarse to complain
el **regalo** gift
    rítmico, -a rhythmic
    seguido, -a continuous
    sobre todo above all
    social social
    sorprender to surprise
el **tambor** drum
la **televisión** television
el **televisor** T.V. set
el **tema** topic, theme
la **tienda** store
el **títere** puppet
el **tocadiscos** record player
    tocar to play
    tomar to take
el **traje** outfit (suit, etc.)
    último, -a last
la **venta** sale
el **volibol** volleyball

DIÁLOGO
El Frisbee

BENJAMÍN: Te dije ayer que es fácil jugar con el Frisbee.

RAFAEL: Se parece a un plato de plástico. Puedo poner una ensalada…

BENJAMÍN: ¡No, no, no! Te expliqué cómo usarlo. El Frisbee se tira de este modo.

RAFAEL: Claro, pero ayer no tuve tiempo para practicar mucho.

BENJAMÍN: Pero hoy sí tenemos tiempo antes de comer.

RAFAEL: Casi no pude coger el Frisbee.

BENJAMÍN: ¡Pero, Rafael, lo hiciste! El éxito viene con la práctica.

RAFAEL: Benjamín, ¡eres optimista en todo!

Preguntas sobre el diálogo

1. ¿A qué se parece el Frisbee?
2. ¿Quién no tuvo mucho tiempo ayer para practicar?
3. ¿Cuándo van a practicar hoy?
4. ¿Quién cogió el Frisbee?
5. ¿Cómo es Benjamín?

The Frisbee

BENJAMÍN: I told you yesterday that it's easy to play with the Frisbee.

RAFAEL: It looks like a plastic plate. I can put a salad...

BENJAMÍN: No, no, no! I explained to you how to use it. The Frisbee is thrown this way.

RAFAEL: Of course, but yesterday I didn't have time to practice much.

BENJAMÍN: But today we do have time before eating.

RAFAEL: I almost couldn't catch the Frisbee.

BENJAMÍN: But, Rafael, you did (it)! Success comes with practice.

RAFAEL: Benjamín, you're an optimist about everything!

EXPRESIONES Y PALABRAS ÚTILES

Te dije...	I told you...
Se parece a...	It looks like...
...no tuve tiempo...	...I didn't have time...
¡...lo hiciste!	...you did it!

SUPLEMENTO

1. Words with the ending *-ista* such as *optimista* do not change for gender. We can say *el optimista* for a man and *la optimista* for a woman. The ending *-ista* is frequently used in economics and politics to identify someone who supports a particular group and/or philosophy. Examples are *capitalista, imperialista,* and *socialista*. Note that for the English equivalents simply drop the final *a*. In Spanish there are other *-ista* words. For example, *fidelista* is someone who supports Fidel Castro, the Cuban leader, and *priísta* is someone who identifies with the PRI, the dominant political party in Mexico.

La optimista   El optimista

2. The ending *-ismo* is used for political and social ideas, movements, and activities: *capitalismo, imperialismo,* and *socialismo*. By dropping the final *o* we have the English equivalents. Spanish speakers create *-ismos* with some regularity. The movement and philosophy associated with Fidel Castro is called *fidelismo* by some writers.

3. Often the *-ismo* and *-ista* words are based on someone's name, usually that of a political leader. An example was Juan Perón of Argentina whose movement was known as *peronismo* and his followers as *peronistas*. In fact, you can create your own movement. If your name is Rafael, your movement would be *rafaelismo* and your supporters *rafaelistas*. What is the name of your movement and your supporters? What do you stand for?

4. Some of the most important verbs in Spanish have irregular preterite forms such as *dije (decir), tuve (tener), pude (poner),* and *hice (hacer).* Study section 1 of LA GRAMÁTICA carefully and memorize these verbs and their forms. It is very difficult in Spanish to speak about past events without eventually using one of these verbs.

5. If you accidentally hit someone with a Frisbee, what do you say?

Lo siento mucho.   I'm very sorry.
Perdóneme Ud.   Pardon me.
Disculpe Ud.   Excuse me.

¡Lo siento mucho!   ¡Perdóneme Ud.!   ¡Disculpe Ud.!

By the way, if you wish to leave the dinner table, you do *not* say *disculpe Ud.* Instead say *con permiso* or *con su permiso* (with your permission). The usual response is in the affirmative (*cómo no,* etc.).

EJERCICIOS DE PRONUNCIACIÓN

/b/ is represented in spelling by *b* and *v*. Either *b* or *v* is pronounced (1) like the *b* in English *bat* after an m (often spelled *n*) and after a pause, or (2) in all other cases with the lips slightly apart.

(1) **b**ueno
venir
con**v**ersación
barco
em**b**ajada

(2) la **b**olsa
pro**b**ablemente
la **v**erdad
el **b**anco
una **v**ez

/d/ (1) After a pause, and after *n* or *l,* it is similar to the English *d* in *day,* but with the tip of the tongue against the upper front teeth. (2) It is like the *th* in *they* in all other positions.

(1) **d**olor   un **d**ía
dar   el **d**isco
dueño
decir

(2) E**d**uardo
toca**d**iscos
pu**d**e
la**d**o

/g/ (1) It is similar to the English *g* in *go* after a pause and after *n*. (2) In all other cases air flows between the tongue and the roof of the mouth. Do not confuse this sound with the *g* of *gente* and *cogió* which is a different sound. The /g/ is represented before *e* and *i* with the spelling *gu,* as in *sigue* and *seguir.*

(1) **g**anar
gol
ven**g**o
gordo

(2) la**g**o
ju**g**ar
al**g**uien
re**g**alo

Eduardo no pudo jugar con la bolsa.
El dueño viene sin el regalo.
Alguien probablemente tomó el tocadiscos.

EJERCICIOS ORALES

Irregular Preterite Forms

1. Ayer dijimos eso.   Ayer dijimos eso.
   Ellos
   Ud.
   Tú
   Uds.
   Nosotros

2. Anteayer tuve buena suerte.   Anteayer tuve buena suerte.
   Mario
   José y Josefina
   Tú
   Nosotros
   Uds.

3. No, no pudimos ir.   No, no pudimos ir.
   Uds.
   Carolina y yo
   Yo
   Tú
   El

4. Hice todo el trabajo.   Hice todo el trabajo.
   Rafael y Benjamín
   Ella
   Uds.
   Nosotras
   Yo

5. **Give all the preterite forms of the following verbs.**

   (Venir) ayer de Chicago.
   (Poner) la comida en la mesa.
   (Estar) en Colombia por un año.
   (Querer) salir con Cristina.
   (Ir) a la fiesta.

Presente → Preterite

6.   ***Example:*** *El puede ir.*   *El pudo ir.*

Vengo a las seis.
Vamos después.
Estamos aquí.
Coge el plato.
Pones el tocadiscos.
Compran el regalo.
Siempre digo eso.
Uds. tienen la bolsa.
Haces muy poco.
Explican cómo usarlo.
Busco a los amigos Surís.
Traemos los postres.

7. **Answer the questions. Some are in the present tense and others in the preterite.**

¿A qué hora llegaste a casa ayer?
¿Van Uds. al centro?
¿Cuándo sacaron Uds. fotos?
¿Sabes escribir inglés?
¿A quién echas de menos?
¿Conociste a alguien ayer?
¿Tuvieron Uds. tiempo para estudiar?
¿Vio Ud. un programa de detectives? ¿Cuál?

8. **Read the sentence adding the correct indirect object pronoun.**

_____ dije a Uds. la fecha.
El _____ dio el regalo a Pito y a mí.
_____ escribimos a Susana.
_____ explicaste eso a Marcos y a ella.
¿_____ preguntas eso a mí?
¿_____ cuenta Ud. a nosotros la historia?
Uds. _____ dan las flores a los padres.
¿_____ escriben ellos a ti?
¿_____ expliqué a Ud. la canción?
Ya _____ dijimos a ti la hora.

9. **Substitute one indirect object for another.**

   Example: *¿Le dijiste eso a Rafael?*
   (a Benjamín y Ramona)
   ¿Les dijiste eso a Benjamín y Ramona?

   Le dije todo a Julia.
   (a él, a tus amigos, a ti, a Luisa y Glenda, a Ud., a mis padres)
   ¿Les escribiste a ellos?
   (a mí, al médico, a las enfermeras, a nosotros, a Enrique, a Caridad y a mí)

10. **Use the compound preposition to form a sentence. You may use any additional words that you find necessary.**

    Examples: *Antes de*
    Antes de estudiar voy al mercado.

    Fuera de
    Vive fuera de la ciudad.

    Al lado de
    El restaurante está al lado del hospital.

    Remember to use the infinitive form of the verb immediately after a preposition.

encima de	además de
en vez de	detrás de
después de	debajo de
dentro de	cerca de
lejos de	delante de

VOCABULARIO CLAVE QUE VIENE

probablemente probably
la **estatua** statue
la **embajada** embassy
el **coche** car
sentarse to sit down

la **línea aérea** airline
notar to notice
la **agencia de viajes** travel agency
sacar unas fotos to take some photos
el **cine** movie theater
¡Qué lástima! What a shame!

el **periódico** newspaper
delante de(l) in front of (the)
encontrar to find
encontrarse to meet, encounter
la **bandera** flag

la **acera** sidewalk
la **serie** series
el **kiosco** kiosk
el **regalo** gift
esperar to wait
el **autobús** bus
pronto soon
el **señor** man, gentleman

el **trabajador** worker
limpiar to clean
volver to return

LECTURA 1
La avenida Reforma

Soy Marcos, un turista norteamericano. Hoy caminé por la avenida Reforma. La avenida Reforma es probablemente la avenida más importante de la Ciudad de México. Es una avenida enorme. Esta mañana vi muchas estatuas y muchos bancos. También pasé por la embajada norteamericana. Vi muchos coches de diferentes tipos. Finalmente decidí descansar. ¡Qué dolor de pies! Me senté y descansé por quince minutos.

Luego caminé de nuevo y vi oficinas de líneas aéreas. Por ejemplo, pasé por British Airways y después por la línea Mexicana. Noté el gran número de agencias de viajes. Saqué unas fotos de algunas agencias. Vi las oficinas de AVIS pero decidí no "rentar" un auto. No traje suficiente dinero para ir al cine. ¡Qué lástima porque encontré varios cines y teatros!

Llegué a las oficinas de Excélsior, un periódico importante de la Ciudad de México. Delante del edificio leí la propaganda del periódico. Seguí por la avenida. Me encontré con uno de los muchos limpiabotas. Los limpiabotas ganan muy poco pero siempre los veo en el centro. También vi banderas nacionales de México. Se usan durante los días de fiestas nacionales.

En la acera pasé por una serie de kioscos. Los kioscos venden revistas, periódicos, algunos libros y otras cosas. Saqué una foto de un cliente del kiosco más grande. Entré a un negocio para comprar un regalo. No pude decidirme; después de unos minutos salí del negocio. En la acera vi a dos jóvenes esperando el autobús. El autobús llegó muy pronto. Mientras tanto, un señor le pidió dinero a un joven. El joven le dijo que no. Si no hay dinero, no se puede dar nada.

Esa tarde también vi a muchos trabajadores. ¡Qué variedad de actividades! Por ejemplo, dos hombres limpiaron la acera por varias horas con una máquina enorme. ¡Qué bueno es estar de vacaciones*! No necesito trabajar. Pero mañana vuelvo a los Estados Unidos y el lunes voy...

*...*estar de vacaciones!* ...to be on vacation!

Preguntas sobre la lectura

1. ¿Cómo es la avenida Reforma?
2. ¿Vio Marcos a muchos jugadores de futbol? ¿Qué vio?
3. ¿Qué decidió hacer Marcos?
4. ¿De qué sacó Marcos unas fotos?
5. ¿"Rentó" Marcos un auto de AVIS?
6. ¿Por qué no fue él al cine?

7. ¿Qué leyó Marcos delante del edificio?
8. ¿Dónde siempre ve él a los limpiabotas?
9. ¿Qué venden los kioscos?
10. ¿Cuántos regalos compró Marcos?
11. ¿Dio el joven dinero al señor?
12. ¿Por qué es bueno estar de vacaciones?

Uno de los muchos monumentos en Reforma.

EJERCICIOS ESCRITOS

I. **Rewrite the paragraph in the third person.**

Pasé por la embajada. Caminé y caminé. Vi muchos coches. Luego me senté en el parque. Saqué unas fotos. Llegué al kiosco. Compré un periódico. Entonces me encontré con un limpiabotas. Hablé con él y finalmente me fui a casa. ¡Qué dolor de pies!

II. **Fill in the correct preterite form.**

1. _____ Ellos (decir) que no.
2. _____ Nosotros (ver) a Isabel.
3. _____ Tú (hacer) muy poco.
4. _____ Mis amigos (ir) al centro.
5. _____ (Yo) no (poder) coger el Frisbee.
6. _____ Los Sánchez me (explicar) todo.
7. _____ Uds. (venir) ayer a las ocho.
8. _____ Glenda (poner) las flores en la mesa.
9. _____ (Yo) no (traer) el regalo.
10. _____ Nosotros (pedir) demasiado.
11. _____ No, Benjamín y yo no (tener) tiempo.
12. _____ (Tú) le (dar) el dinero.

III. **Rewrite the paragraph in the preterite.**

Me gustan algunos programas de televisión. Varios programas de detectives son interesantes. Hoy el periódico da una descripción de todos los programas. Leo la descripción y encuentro un programa interesante. Pongo el televisor y lo veo. Paso una hora así y me duermo.

IV. **Fill in the correct verb. Choose carefully between the present and preterite tenses.**

1. _____ Nosotros le (wrote) ayer.
2. _____ El (must leave) ahora.
3. _____ Tú (preferred to study) anoche.
4. _____ Uds. (look for) a Alfredo.
5. _____ (Yo) (did) el trabajo.
6. _____ Ana y yo (brought) los regalos.
7. _____ Antonio (went) a Guatemala.
8. _____ Ellas (want to walk) mañana.
9. _____ Ud. (were) aquí ayer.
10. _____ (Yo) (saw) el kiosco.
11. _____ Ellá lo (put) allí.

V. **Answer each question in the affirmative. Make sure that you use the correct verb form and the correct indirect object pronoun.**

> *Example: ¿Te dije eso? Sí, me dijiste eso.*

1. ¿Les dijo eso a Uds.?
2. ¿Me dijeron Uds. eso?
3. ¿Nos dijiste eso?
4. ¿Le dijo eso a Ud.?
5. ¿Me dijiste eso?

VI. **Answer the following questions. Note that all involve using indirect object pronouns.**

1. ¿Les conté la historia a Uds.?
2. ¿Te di el periódico?
3. ¿Le explicaste a él cómo usar la máquina?
4. ¿Nos dices la verdad?
5. ¿Me escribieron Uds.?
6. ¿Le dijiste a ella todo?
7. ¿Les pregunta Ud. eso a ellos?
8. ¿Me explicas el libro?
9. ¿Nos dan Uds. el regalo?
10. ¿Te mostraron ellos las flores?

VII. **Give an antonym (the opposite) of each preposition.**

1. cerca de / _____
2. con / _____
3. después de / _____
4. fuera de / _____
5. encima de / _____
6. al lado de / _____
7. sobre / _____
8. delante de / _____

VIII. **Fill in the correct particle (preposition or adverb).**

1. _____ Está (next to) la silla.
2. _____ Vivimos (far from) la universidad.
3. _____ Lo encontré (underneath) la revista.
4. _____ Está (opposite) la iglesia.
5. _____ (After) trabajar, voy al cine.
6. _____ (According to) Marta, él no quiere comer.
7. _____ Caminamos (towards) la avenida Reforma.
8. _____ (Near) aquí está la biblioteca.

VOCABULARIO CLAVE QUE VIENE

el **novio** boyfriend
  celebrar to celebrate
el **cumpleaños** birthday
  dedicado, -a dedicated
la **Virgen** Virgin

la **ocasión** occasion
  reconocer to recognize
  mismo, -a same
  particular private
  alrededor de around
la **muralla** wall
la **palma** palm tree
el **tamaño** size
  gigante giant
  dentro de inside

LECTURA 2
Lo bello en México

Ayer unos amigos míos fueron al mercado de flores. Vieron una gran variedad de flores. Una mujer compró flores para su novio. Mis amigos escogieron algunas flores para celebrar un cumpleaños. En el mercado de flores vieron un altar con flores dedicado a la Virgen. Los vendedores ponen allí flores en honor de la Virgen de Guadalupe.

En otra ocasión mis amigos caminaron por Reforma y se encontraron con una riqueza de flores. Ellos reconocieron al jardinero que cuida las flores. Siempre hace un trabajo muy bueno. Ese mismo día fueron al parque Obregón y vieron el monumento al general Obregón. Les gustó ver a unos niños jugando en el parque. ¡Qué riqueza de plantas en ese parque! Conocieron por primera vez muchas plantas tropicales.

También ellos encontraron flores en casas particulares. Alrededor de algunas casas vieron flores en las murallas. Además, en los jardines conocieron más plantas. Vieron palmas — algunas de tamaño gigante. Se sorprendieron al ver una muralla con un árbol dentro de la muralla.

Si viajas a México, vas a ver plantas muy bellas. ¡Vale la pena hacer ese viaje! Después de su último viaje a México, mis amigos quisieron comprar un negocio de flores pero no tuvieron suficiente dinero. De todos modos, ¡nos veremos pronto en México! ¿Verdad?

Preguntas sobre la lectura

1. ¿Adónde fueron los amigos?
2. ¿Por qué escogieron ellos algunas flores?
3. ¿Quiénes ponen flores en el altar?
4. ¿A quién vieron en la avenida Reforma?
5. En el parque Obregón, ¿qué conocieron los amigos por primera vez?
6. Alrededor de algunas casas, ¿vieron dulces? ¿Qué vieron ellos?
7. ¿Por qué no compraron los amigos un negocio de flores?

En México se ve lo bello también en las artes.

REPASO

I. **Fill in the correct direct object pronoun.**

1. ¿Trajiste el dinero? No, no _____ traje.
2. ¿Vas a comprar la bandera? Sí, voy a comprar _____.
3. ¿Conocen Uds. la embajada? Sí, _____ conocemos.
4. ¿Vieron Uds. los kioscos? No, no _____ vimos.
5. ¿Encontró él las flores? Sí, _____ encontró.
6. ¿Pusiste el televisor en la mesa? No, no _____ puse allí.

II. **Rewrite each sentence in the present tense.**

1. Encontraron las flores.
2. Fui al parque Obregón.
3. Vieron un altar.
4. Conocí muchos lugares interesantes.
5. No pude cogerlo.
6. ¡Lo hiciste bien!
7. ¡Te dije que sí!
8. Ella caminó por la avenida.
9. Llegué a las oficinas.
10. Sacamos muchas fotos.
11. Ud. limpió la acera.
12. Vinieron a las dos.

III. **Select the correct response.**

1. En el mercado:
   a. se venden casas
   b. se juega volibol
   c. se compran flores
   d. se va al cine
2. Las plantas no incluyen:
   a. la palma
   b. el árbol
   c. la muralla
   d. la flor
3. No se compran flores:
   a. para una novia
   b. para la acera
   c. para celebrar un cumpleaños
   d. para una fiesta especial

4. No se venden normalmente en el kiosco:
   a. revistas
   b. periódicos
   c. estatuas
   d. libros
5. En la Ciudad de México, Reforma es:
   a. un banco
   b. una bandera
   c. un regalo
   d. una avenida
6. Para ir al cine se necesita:
   a. dolor de pies
   b. un limpiabotas
   c. dinero
   d. una agencia de viajes
7. El Frisbee:
   a. no se tira
   b. se come con una ensalada
   c. se corta con un cuchillo
   d. se parece algo a un plato de plástico

IV. **Use the expression and the verb to create a sentence in the preterite.**
   1. anteayer   hacer
   2. el año pasado   encontrar
   3. la última vez   poner
   4. anoche   estar
   5. el mes pasado   traer
   6. ayer   ver
   7. la vez pasada   pasar (por)
   8. la semana pasada   llegar

V. **Fill in the correct article, demonstrative, or possessive adjective.**
   1. ¿Qué es _____ (this)? Es _____ (his) Frisbee.
   2. _____ (This) muralla no es muy alta. _____ (That one) es más alta.
   3. _____ (Our) padres están aquí. ¿Donde están los _____ (yours — familiar form)?
   4. ¿_____ (The) flores? Son _____ (mine).
   5. _____ (Those) programas son terribles; vamos a ver _____ (the) drama.
   6. Hay _____ (some) periódicos muy buenos. Sí, conozco _____ (one) que me gusta.
   7. ¿La planta _____ (yours — formal form)? No es _____ (that) planta. _____ (Your — formal form) planta está allí.

VI. **Write a question. Use an interrogative word asking for the italicized information.**

1. Fui al *mercado de flores*.
2. Vendí *unas flores*.
3. Vimos a *dos* limpiabotas.
4. *Por la mañana* ellos encontraron el edificio.
5. Hay *seis* agencias de viaje.
6. Compré un regalo *para celebrar el cumpleaños de mi novia*.
7. Llegamos a la oficina a *las tres*.
8. Estuve *muy cansada*.

VII. **Fill in the correct form of the appropriate verb from the list below. Choose carefully between the present and preterite tenses.**

1. Ayer ellos _____ aquí hasta las nueve.
2. Mañana (tú) _____ primero a Luisa.
3. Anteayer Ud. no _____ los periódicos.
4. Hoy Uds. ven el programa y luego _____ al restaurante.
5. Mañana (yo) _____ por la oficina.
6. Ud. y yo hicimos todo el trabajo y luego _____ ellos.
7. Anoche (nosotros) _____ el disco en el tocadiscos.
8. No _____ escribirlo y tampoco pude hacerlo.
9. La semana pasada Marta _____ y _____ al jardinero.
10. Ahora Ricardo y yo _____ cerca de aquí.
11. Ellas no _____ tiempo ayer para comprarlo.
12. Pancho me _____ el regalo y se fue.

encontrar	poner
venir	pasar
llamar	ir
estar	querer
comprar	buscar
dar	vivir
tener	

VIII. **Free Response**

1. ¿Sabes jugar con un Frisbee?
2. ¿Fueron Uds. anoche al cine?
3. ¿Preparó Ud. su desayuno esta mañana?
4. ¿Vieron Uds. un programa de detectives anteayer?
5. ¿Te bañaste anoche?
6. ¿Trajeron Uds. el libro de español a clase?
7. ¿Pueden estudiar ellos conmigo?
8. ¿A qué hora te levantaste esta mañana?

RINCÓN DE CULTURA
Social Classes in Mexico

In the Mexican countryside, many people live hard and difficult lives. The work of the average farmer seems never ending. The typical couple usually has children immediately and eventually the parents may have five or six children. These children learn how to work at an early age. Some of the more enterprising children go with their parents to local markets to sell goods. A town's market is a major attraction on weekends for those people who live in the surrounding area. In a large market you can spend several hours just going from stall to stall looking at the merchandise.

Sometimes the possibility of a better life in a local town will lead someone to give up farming and become an artisan. However, some individuals do not have a special skill and they are willing to take almost any odd job available. Working as a delivery boy is one such job. Other people decide that there are simply not enough good jobs and opportunities in the local town and they move to a major city. Each year thousands of people move to Guadalajara, Mexico City, and Monterrey. All are looking for a better life. Unfortunately, city life is hard because jobs are scarce and living conditions are often bad. Living in a slum can be very discouraging. But people learn how to survive; they take advantage of what space is available, even putting up clothes lines in empty lots.

Although some people are forced to beg in order to survive, others make the adjustment to life in a major city. The fortunate ones are those who eventually can afford an apartment in a middle class section of the city and who can send their children to private schools. Government help for the needy is more readily available in the city. For example, public health facilities are normally found in metropolitan areas.

Not everyone is struggling in the major cities. The modern buildings in the newer sections of a large city are a sign of considerable wealth. Those individuals with money obviously live well. Their homes are as elegant as upper class ones in the U.S. The Mexican middle class, a fairly large one compared to that of many other countries, cannot possibly afford the huge, elegant homes of the wealthy. To belong to one of the richest families is to live in a world completely different from that of the average person. Elegant private clubs, for example, are available only to the wealthy.

Work can be enjoyable.

181

LA GRAMÁTICA

I. Some Irregular Preterites

Irregular preterite forms can be divided into groups to make it easier to remember them. What follows are examples of different types of verbs.

Tener, estar

yo tuve	nosotros tuvimos
tú tuviste	vosotros tuvisteis
él ⎫	ellos ⎫
ella ⎬ tuvo	Uds. ⎬ tuvieron
Ud. ⎭	

Traer, decir

yo traje	nosotros trajimos
tú trajiste	vosotros trajisteis
él ⎫	ellos ⎫
ella ⎬ trajo	Uds. ⎬ trajeron
Ud. ⎭	

Caer, creer, incluir, and **leer** are irregular in the third person singular and plural.

él cayó	ellos cayeron
él creyó	ellos creyeron
él incluyó	ellos incluyeron
él leyó	ellos leyeron

Buscar, explicar, and **tocar** are irregular in appearance in the first person.

yo busqué
yo expliqué
yo toqué

Llegar and **pagar** (to pay) are also spelled differently in the first person.

yo llegué
yo pagué

Poder, poner, and **saber** are not closely related but all have a root vowel which changes to a *u*.

yo pude	nosotros pudimos
tú pudiste	vosotros pudisteis
él ⎫	ellos ⎫
ella ⎬ pudo	Uds. ⎬ pudieron
Ud. ⎭	

yo puse	nosotros pusimos
tú pusiste	vosotros pusisteis
él ⎫	ellos ⎫
ella ⎬ puso	Uds. ⎬ pusieron
Ud. ⎭	

yo supe	nosotros supimos
tú supiste	vosotros supisteis
él ⎫	ellos ⎫
ella ⎬ supo	Uds. ⎬ supieron
Ud. ⎭	

Querer, hacer, and **venir** are not closely related but all have a root vowel which changes to an *i*.

yo quise	nosotros quisimos
tú quisiste	vosotros quisisteis
él ⎫	ellos ⎫
ella ⎬ quiso	Uds. ⎬ quisieron
Ud. ⎭	

yo hice	nosotros hicimos
tú hiciste	vosotros hicisteis
él ⎫	ellos ⎫
ella ⎬ hizo*	Uds. ⎬ hicieron
Ud. ⎭	

yo vine	nosotros vinimos
tú viniste	vosotros vinisteis
él ⎫	ellos ⎫
ella ⎬ vino	Uds. ⎬ vinieron
Ud. ⎭	

II. Indirect Object Pronouns

me	*me*	nos	*us*		
te	*you*			os	*you*
le	{ *you, him,*	les	{ *you,*		
	her, it		*them*		

1. As is the case with direct object pronouns, indirect object pronouns normally precede the verb unless the verb is a participle or infinitive. In the latter two cases the indirect object pronoun is placed either before the verbs in the sentence or after the participle or infinitive. Note that if the indirect object pronoun follows a participle or infinitive, it is attached to it in writing.

Les doy la revista.	I'm giving *them* the magazine.
	I'm giving *you* the magazine.
Nos muestran el disco.	They're showing us the record.
Te estoy escribiendo el menú.	
Estoy escribiéndo*te* el menú.	I'm writing you the menu.
Le voy a decir la verdad.	I'm going to tell him (her, you) the truth.
Voy a decir*le* la verdad.	

2. Indirect object pronouns do not distinguish between masculine and feminine.

Le vendimos la casa.	We sold *him* the house.
	We sold *her* the house.

3. In a sentence such as *le vendimos la casa* we do not know to whom the *le* refers. To clarify the *le* we can add, for example, *a María* with the resulting sentence **le vendimos la casa a María.** Note that adding *a María* does not eliminate the *le*. In speech, an indirect object noun (always preceded by *a*) is normally accompanied by an indirect object pronoun.

Les damos el balón a *Elsa y Ricardo.*	We're giving the ball to Elsa and Ricardo.

A Elsa y Ricardo makes clear to whom the *les* refers but the *les,* although redundant, remains in the sentence.

III. Compound Prepositions

The most common compound prepositions** are:

además de	*besides, in addition to*	después de	*after*
al lado de	*beside, at the side of*	detrás de	*behind*
antes de	*before*	en vez de	*instead of*
cerca de	*near*	encima de	*on top of*
debajo de	*under, underneath*	enfrente de	*in front of*
delante de	*in front of*	fuera de	*outside (of)*
dentro de	*inside (of), within*	lejos de	*far from*

1. Do not forget that a sentence in Spanish can never end with a preposition.
2. Also, immediately after a preposition, only the infinitive form of the verb can be used.

*Note that the *c* becomes *z* before *o* in *hizo*.
**Each of these compounds includes the preposition *de*.

VOCABULARIO

la **acera** sidewalk
además de besides, in addition to
aéreo, -a air
la **agencia** agency
    la **agencia de viajes** travel agency
al upon
el **autobús** bus
la **bandera** flag
el **capitalismo** capitalism
el **capitalista** capitalist
el **cine** movie theater
el **coche** car, automobile
el **cumpleaños** birthday
debajo de under, underneath
dedicado, -a dedicated
delante de in front of
dentro de inside (of), within
detrás de behind
disculpar to excuse
la **embajada** embassy
encima de on top of
encontrar to find
encontrarse to encounter, meet
enfrente de in front of, opposite
esperar to wait
la **estatua** statue
fuera de outside (of)
gigante giant
el **hombre** man
el **imperialismo** imperialism
el **imperialista** imperialist
el **kiosco** kiosk
el **lado** side
    al lado de beside, at the side of
le you, him, her, it
lejos de far from
les you, them
la **línea** line
    la **línea aérea** airline
mientras while
    mientras tanto meanwhile
la **muralla** wall
nacional national
notar to notice
el **novio** (steady) boyfriend
el **número** number

la **ocasión** occasion
el **optimista** optimist
pagar to pay
la **palma** palm tree
particular private
perdonar to pardon
el **permiso** permission
    con su permiso with your permission
el **plástico** plastic
por along, for
la **práctica** practice
primero, -a first
probablemente probably
reconocer to recognize
sentarse to sit down
el **señor** man, gentleman
la **serie** series
el **socialismo** socialism
el **socialista** socialist
sorprenderse to be surprised
el **tamaño** size
tirar to throw
tocar to touch; to play (musical instrument)
el **trabajador** worker
tropical tropical
la **vez** time (occasion)
    en vez de instead of
la **Virgen** the Virgin

DIÁLOGO
Los amigos

ISIDRO: ¿Visitaste ese pueblo indígena?

RICARDO: No, hasta ahora, no.

ISIDRO: Los indios de las ceremonias no representan la mayoría de los indios.

RICARDO: Ya lo creo. ¿Eres indio?

ISIDRO: Sí, soy de un pueblo mixteca. Cuando era joven, trabajé en mi pueblo.

RICARDO: ¿Cuándo te mudaste a esta ciudad?

ISIDRO: Hace quince años. Al principio mi hermano y yo trabajábamos como vendedores de helados. Ahora él es dueño de una tienda.

RICARDO: Sí, lo sé. Me lo presentaste anoche. ¿Era la vida muy dura?

ISIDRO: Dificilísima. Mi hermana menor trabajaba en el mercado. Mi papá no vivía con nosotros porque se quedó en el campo.

RICARDO: ¿Todos eran pobres?

ISIDRO: Sí, ¡y qué vida aquí! Era un mundo impersonal y muy grande.

RICARDO: ¿Y todavía es así?

ISIDRO: Ahora, aunque mi mundo personal es pequeño, tengo buenos amigos. Te los quiero presentar.

RICARDO: ¡Las amistades son la verdadera riqueza de este mundo! ¡Cuidado! Me convierto en filósofo.

Preguntas sobre el diálogo

1. ¿Visitó Ricardo el pueblo indígena?
2. ¿De qué pueblo es Isidro?
3. ¿Quiénes eran los vendedores de helados?
4. ¿Cómo era la vida?
5. ¿Dónde trabajaba la hermana menor?
6. ¿Quién se quedó en el campo?
7. ¿Eran ricos Isidro y sus hermanos?
8. ¿Qué dice Ricardo de las amistades? ¿Estás de acuerdo?

The Friends

ISIDRO: Did you visit that Indian village?

RICARDO: No, until now I haven't.

ISIDRO: The Indians in the ceremonies do not represent the majority of Indians.

RICARDO: I definitely agree. Are you an Indian?

ISIDRO: Yes, I'm from a Mixtec village. When I was a young man, I worked in my village.

RICARDO: When did you move to this city?

ISIDRO: Fifteen years ago. At the beginning my brother and I worked as ice cream vendors. Now he is the owner of a store.

RICARDO: Yes, I know that. You introduced me to him last night. Was life very hard?

ISIDRO: Very difficult! My youngest sister worked in the market. My father did not live with us because he stayed in the country.

RICARDO: Were you all poor?

ISIDRO: Yes, and what a life here! It was an impersonal and very large world.

RICARDO: And is it still that way?

ISIDRO: Now, even though my personal world is small, I have good friends.

RICARDO: Friendships are the true wealth of this world! Watch out! I'm turning into a philosopher.

EXPRESIONES Y PALABRAS ÚTILES

Hasta ahora, no.	Until now no.
Hace (quince) años.	(Fifteen) years ago.
Al principio…	In the beginning…
Dificilísima.	Very difficult.
¡Qué vida!	What a life!
¿…todavía es así?	…is it still that way?
Te los quiero presentar.	I want to introduce them to you.
¡Cuidado!	Watch out!

SUPLEMENTO

Quiero
presentarte a...

1. How would you introduce someone to Ricardo?

    a. La presentación formal (formal introduction):

Tengo mucho gusto en presentarle a...	It's my great pleasure to introduce you to...
Quisiera presentarle a...	I would like to introduce you to...

    b. La presentación informal (informal introduction):

(Ricardo), quiero presentarte a...	(Richard), I want to introduce you to...

Quisiera
presentarle a...

What would you say if you met Isidro or someone else for the first time?

Mucho gusto.*	It's a great pleasure.
Tanto gusto.	It's such a pleasure.
A sus órdenes.	At your service.
Para servirle.	At your service.
Encantado(-a).	Enchanted.
El gusto es mío.**	The pleasure is mine.

2. Nationalities and references to members of ethnic, political, and religious groups are *not* capitalized in Spanish.

azteca

maya

Examples: azteca — Aztec

            maya — Mayan

            mixteca — Mixtec

            zapoteca — Zapotec

            colombiano — Colombian

            guatemalteco — Guatemalan

            chileno — Chilean

            mexicano — Mexican

            puertorriqueño — Puerto Rican

La bandera
guatemalteca.

La bandera
colombiana.

            bautista — Baptist

            católico — Catholic

            luterano — Lutheran

            pentecostés — Pentecostal

Benito Juárez

guatemalteca

chileno

¿Es típico de México?

*The most common way of acknowledging an introduction.

**A typical response to *mucho gusto* and *tanto gusto*.

189

3. The *imperfect* is the other past form in Spanish. Carefully read the explanation in LA GRAMÁTICA about the difference between the *preterite* and the *imperfect*. The three irregular verbs in the imperfect are *ir* (*iba*, *ibas*, etc.), *ser* (*era*, *eras*, etc.), and *ver* (*veía*, *veías*, etc.).

EJERCICIOS DE PRONUNCIACIÓN

/p/ In English sometimes the *p* is pronounced with a puff of air after it. In Spanish it never has a puff of air.

papá	re**p**asar
personal	tiem**p**o
pequeño	**p**ropina
pueblo	**p**edir

/t/ In English sometimes the *t* is pronounced with a puff of air after it. In Spanish it never has a puff of air. The tip of the tongue is placed against the upper front teeth.

tanto	o**t**ro
televisión	me gus**t**ó
todos	visi**t**as**t**e
todavía	amis**t**ades

/k/ In writing the *k* sound is represented by *c* as in *casa*, by *qu* as in *quince*, and by *k* as in *kilo*. It is never pronounced with a puff of air as it is sometimes in English.

cosa	mer**c**ado
qué	ri**qu**eza
quince	a**qu**el
casa	Enri**qu**e

Me gustó el pueblo pequeño.
Todas sus amistades estuvieron en la casa.
¿Enrique? Tiene quince años.

EJERCICIOS ORALES

Additional Irregular Preterites*

1. Me sentí bien.   Me sentí bien.
    Tú
    Ud.
    La señora Martínez
    Ellos
    Nosotros

2. El pidió demasiado.   El pidió demasiado.
    Ud.
    Ellas
    Tú
    Yo
    ¿Quiénes

3. Me dormí a las ocho.   Me dormí a las ocho.
    Nosotros
    Tú
    El y yo
    ¿Quién
    Pepe

Present → Imperfect

4.   *Example:* digo   decía

    llamas
    tienen
    puede
    hacemos
    salgo
    voy
    traes
    somos
    doy
    piden
    escribo
    prefiere

*Review section I of LA GRAMÁTICA before doing these exercises.

Preterite → Imperfect

5.   ***Example:*** *estuve*   *estaba*

   me quedé
   quiso
   leyeron
   caminaste
   busqué
   visitó
   nos mudamos
   hizo
   dijimos
   pusieron
   trabajaste

Preterite or Present → Imperfect

6.   ***Example:*** *Quise llamarte.*   *Quería llamarte.*

   Recibimos la bolsa.
   Visitaron el pueblo.
   ¿Se mudan Uds.?
   Pilar vive aquí.
   Trabajaste demasiado.
   Estoy enfermo.
   Hizo el examen.
   El me pregunta eso.
   Escuchan la música.
   Traigo el televisor.

Free Response

7.   ¿Son Uds. filósofos?
   ¿Conoces a un pueblo indígena?
   ¿Vivían Uds. siempre en el campo?
   ¿Antes trabajabas en la ciudad?
   ¿Quieres presentarme a tu amigo?
   ¿Se mudaron Uds. anteayer?
   ¿Jugaban ellos tenis a menudo?
   ¿Eres colombiano?

8. **Replace each object noun with an object pronoun. Change the form of the indirect object pronoun when necessary.**

> ***Examples:*** *Te traje el disco.* *Te lo traje.*
> *Le doy el nombre a él.* *Se lo doy a él.*

Me escribes la descripción.
Nos vendió la casa.
Te trajeron el coche.
Me consigues el periódico.
Les diste las flores a ellos.
Me cantaste la canción.
Nos leen los libros.
Le traes las sillas a ella.
Te dijeron la verdad.
Le doy la revista a Ud.

Combining Pronouns

9. **Answer in the affirmative using only object pronouns and the first person singular form of the verb. Be sure to use the correct *indirect* object pronoun.**

> ***Examples:*** *¿La flor? ¿Nos la das?* *Sí, se la doy.*
> *¿El libro? ¿Me lo mostraste?* *Sí, te lo mostré* (or *se lo mostré.*)

¿El televisor? ¿Me lo traes?
¿La guitarra? ¿Nos la diste?
¿El regalo? ¿Me lo llevas?
¿Los helados? ¿Me los compraste?
¿Las máquinas? ¿Nos las vendes?
¿Los mapas? ¿Me los mostrabas?
¿La cesta? ¿Me la llevaste?
¿Las revistas? ¿Me las leías?

VOCABULARIO CLAVE QUE VIENE

la **maestra** (female) teacher
el **fin de semana** weekend
  enseñar to teach
  todos los días every day
  dar clases to teach classes
  bilingüe bilingual
el **colegio** school
  había there was, (were)
la **ayuda** help

el **laboratorio de lenguas** language laboratory
  repetir to repeat
  corregir to correct
la **pronunciación** pronunciation
la **biblioteca** library
  en serio seriously
el **modismo** idiom
  comprender to understand

la **ventaja** advantage
el **empleo** job, work
  como like

LECTURA 1
Sigrid, la maestra

Con la excepción de los fines de semana,* Sigrid González Olivencia enseñaba todos los días.** Siempre enseñaba con mucho entusiasmo. Daba clases*** de inglés. Sigrid era una persona bilingüe — hablaba inglés y español todos los días. Trabajaba en un colegio particular para muchachos. Cada día había mucho que hacer. Y de vez en cuando había estudiantes que necesitaban ayuda.

Un día Pito Vale, un estudiante, le pidió ayuda a Sigrid. Ella trabajó con él en el laboratorio de lenguas. Pito repetía oraciones en inglés mientras Sigrid corregía su pronunciación. Después de una hora, Pito fue a la biblioteca. Decidió estudiar el inglés en serio. Quería estudiar en los Estados Unidos. Los modismos como "you're pulling my leg" fueron difíciles de comprender.

Después de pocos años, Pito ya tiene la ventaja de ser persona bilingüe. Si se conoce bien el inglés y el español, es más fácil conseguir empleo. ¡Qué bueno es tener maestros como Sigrid González Olivencia y como los tuyos! ¿Verdad? ¿Vas a ser persona bilingüe como Sigrid González y Pito Vale?

*...*fines de semana,* ...weekends,
**...*todos los días.* ...every day.
****Daba clases*... (She) taught classes...

Preguntas sobre la lectura

1. ¿Cuándo no enseñaba Sigrid González Olivencia?
2. ¿Dónde trabajaba Sigrid?
3. ¿Qué enseñaba la maestra?
4. ¿Quién pidió ayuda?
5. ¿Dónde trabajaron Pito y Sigrid?
6. ¿Qué decidió hacer Pito?
7. ¿Dónde quería estudiar Pito?
8. ¿Por qué es una ventaja conocer bien el inglés y el español?
9. ¿Van Uds. a ser personas bilingües?

Sigrid se prepara para la clase.

El futuro de los países hispánicos está en la educación
de sus hijos.

EJERCICIOS ESCRITOS

I. **Rewrite each sentence in the imperfect.**
   1. Ella dio clases de inglés.
   2. Los maestros enseñaron con entusiasmo.
   3. Pito pidió ayuda.
   4. Uds. repitieron todas las oraciones.
   5. Fuiste a la biblioteca.
   6. Tuvo la ventaja de ser persona bilingüe.
   7. Comprendimos las lecturas.
   8. Sigrid habló muy bien el inglés.

II. **Fill in the correct form of the imperfect.**
   _____ 1. Nosotros (querer) ir contigo.
   _____ 2. Ud. (corregir) el examen.
   _____ 3. ¿Quiénes (ir) a salir con ella?
   _____ 4. ¿Dónde (estar) Sigrid?
   _____ 5. ¿Qué (decir) tú y él?
   _____ 6. Antes nosotras (conseguir) empleo fácilmente.
   _____ 7. Tú siempre (pasar) por Benjamín.
   _____ 8. (Yo) (estudiar) a menudo en la biblioteca.
   _____ 9. Ud. (visitar) el pueblo todos los lunes.
   _____ 10. María Luisa y yo nos (mudar) cada tres meses.

III. **Fill in the correct subject pronoun. When there is more than one possibility, fill in all of them.**
   1. _____ trajo la cesta.
   2. _____ escribo rápidamente.
   3. _____ comimos tarde.
   4. _____ iban al cine.
   5. _____ hizo el ejercicio.
   6. _____ enseñabas inglés.
   7. _____ repetí la oración.
   8. _____ decidieron irse.
   9. _____ estuviste enfermo.
   10. _____ leíamos la revista.

IV. **Rewrite the paragraph in the past. Do not forget to use the imperfect when it is appropriate.**

   Son las seis de la mañana. Es un día bonito. Salgo a la calle y camino hasta el restaurante. Mientras camino, noto que no hay mucha gente en la calle. Al llegar al restaurante me encuentro con mi novio.

   El restaurante se parece a un Burger King. Se ofrecen desayunos completos. Hoy desayunamos rápidamente. Mientras él se queja del desayuno, yo como sin decir nada. Finalmente decido que, como siempre, él se queja demasiado. Le digo que me marcho y que no voy a verlo más. Es muy triste esta historia, ¿no es así?

V. **Fill in the correct form of the preterite or the imperfect, whichever is appropriate.**

_____ 1. Anoche no (salir) ellos hasta las nueve.

_____ 2. ¿Por qué no (ir) (tú) a la fiesta la semana pasada?

_____ 3. Antes nosotras (trabajar) a menudo en su casa.

_____ 4. Mientras él (llamar), (yo) contaba el dinero.

_____ 5. Anteayer Ud. (tener) que limpiar el piso.

_____ 6. En esos días Uds. siempre (ser) amables.

_____ 7. Benito Juárez (morir) en México.

_____ 8. Vendí el coche porque ya no me (gustar).

_____ 9. Ayer ellos no (poder) jugar tenis hasta las doce.

_____ 10. (Ser) las diez cuando ellos (traer) la comida.

VI. **Rewrite the sentences in the present tense.**

1. (Yo) siempre iba a las seis.
2. Ellos preparaban hamburguesas a menudo.
3. Eramos jugadores del mismo equipo.
4. Ud. mostraba mucho interés.
5. Te sentías enfermo.
6. El me quería ayudar.
7. Ella les pedía ayuda a todos.
8. Uds. me presentaban en todas las fiestas.
9. De vez en cuando Ud. decía cosas maravillosas.
10. Cada día lavábamos los platos.

VII. **Fill in the correct object pronoun.**

1. ¿Viste el laboratorio? Sí, _____ vi ayer.
2. ¿Te dieron el regalo? Sí, _____ _____ dieron anoche.
3. ¿Conoces a la mamá? No, no _____ conozco.
4. ¿Consiguió Ud. el empleo? Sí, _____ conseguí.
5. ¿Te mostraron el balón? No, no _____ _____ mostraron.
6. ¿Les trajo la guitarra? Sí, _____ _____ trajo.
7. ¿Quieres ver la ciudad? Sí, quiero ver _____.
8. ¿Le explicaste a ella la excepción? No, no _____ _____ expliqué.
9. ¿Les diste los modismos? No, no _____ _____ di.
10. ¿Van Uds. a comprar la tienda? Sí, _____ vamos a comprar.

VIII. **Answer the questions in the negative. Use both direct and indirect object pronouns.**

> *Example:* *¿Me venden la casa?* *No, no te la vendemos.*
>
> or *No, no se la vendemos.*

1. ¿Me das la foto?
2. ¿Nos venden Uds. el tocadiscos?
3. ¿Vas a mostrarle las compras?
4. ¿Me compran Uds. los helados?
5. ¿Nos trajiste los plátanos?
6. ¿Me van a dar Uds. las pastillas?
7. ¿Le vas a llevar las plantas?
8. ¿Piensan Uds. mostrarles los edificios?

IX. **Correct the errors in the following sentences. There are ten errors.**

1. ¿La criada? No lo veo. Ella estabas aquí. No sé dónde estó.
2. ¿Me ofreces el disca? Sí, tá los doy.
3. ¿Enseñas el historia y el español? ¿Sí, las enseno. También enseño lo inglés.

VOCABULARIO CLAVE QUE VIENE

la **construcción** construction
algo somewhat
peligroso, -a dangerous
el **empleado** worker, employee
la **ventana** window
la **caja** box
recoger to pick up
exigente demanding

depender to depend
el **cocinero** cook
hacer calor to be hot
el **calor** heat
el **horno** oven
caliente warm

escribir a máquina to type
el **ejercicio** exercise
físico, -a physical
la **falta (de)** lack (of)

el **departamento** department
la **educación** education
supervisar to supervise
el **éxito** success
la **edad** age

exótico, -a exotic
presentar to introduce
el **fotógrafo** photographer
darse cuenta to realize
la **paciencia** patience
los **medios de comunicación**
    means of communication
el **especialista** specialist
el **ingeniero** engineer
el **sonido** sound

quizás perhaps
el **vidrio** glass
el **talento** talent
el **descanso** rest

LECTURA 2
Los empleos

En mis últimos viajes a México y a Puerto Rico vi a muchos trabajadores. Algunos trabajaban en la construcción de edificios. Era un empleo algo peligroso. También noté que unos empleados limpiaban ventanas todo el día. Otros llevaban comestibles de un lugar a otro. Un señor amable nos traía gaseosas todas las semanas. ¡Las cajas de gaseosas pesan bastante! En México conocí a Isidro que trabajaba de jardinero. A menudo él tenía que recoger cosas del césped. Es otro empleo exigente.

Comí en muchos restaurantes mexicanos donde camareros jóvenes traían la comida. Estos camareros dependían en parte de las propinas de los clientes. Los vendedores en las calles ganaban muy poco. Tampoco ganaban mucho los cocineros de restaurantes pequeños. Preparaban tortillas todos los días. Aun cuando hacía mucho calor, trabajaban con el horno caliente.

Conocí a una secretaria que escribía a máquina* cinco horas por día. Ella me dijo que no se cansaba del trabajo. Había mucha variedad en las cartas que escribía a máquina. También conocí a un secretario que ayudaba en una oficina. Todos estos secretarios necesitaban más ejercicio físico. La falta de suficiente ejercicio físico es un problema para muchas personas profesionales.

Noté que había más y más mujeres profesionales. Estas mujeres tenían empleos en hospitales, oficinas de gobierno, etc.

Lillian Vásquez, por ejemplo, trabajaba para el departamento de educación. Después de pocos años, ya supervisaba parte del departamento. ¡Qué bueno es tener éxito a tan joven edad!

Había otros empleos más exóticos. Me presentaron a un fotógrafo. El sacaba fotos de jóvenes atractivos para libros y revistas. Me di cuenta** que era un trabajo muy exacto. Se necesitaba mucha paciencia. Hablé con algunas personas que trabajaban en los medios de comunicación. Encontré que eran muy simpáticas y que todas eran especialistas en algo. Por ejemplo, conocí a un ingeniero que era especialista en el control de sonido.

Quizás los empleados más interesantes para mí fueron los muchachos que trabajaban con vidrio. ¡Qué talento tenían los jóvenes que hacían cosas de vidrio! Después de ver tantas personas trabajando, me cansé y decidí descansar. ¡El descanso es también parte de la vida!

*...escribía a máquina... ...typed...
**darse cuenta = to realize

Preguntas sobre la lectura

1. ¿Limpiaban los empleados la comida?
2. ¿Pesan mucho las cajas de gaseosas?
3. ¿Quiénes no ganaban mucho?
4. ¿Qué preparaban los cocineros?
5. ¿Por qué no se cansaba la secretaria?
6. ¿Qué problema tienen muchas personas profesionales?
7. ¿Dónde trabajaba Lillian Vásquez?
8. ¿De qué sacaba fotos el fotógrafo?
9. ¿Con qué trabajaban los jóvenes?
10. Después de ver a tantos empleados, ¿quiere trabajar el autor?

Algunos muchachos ganan dinero recogiendo pelotas de tenis.

El trabajo de carpintero puede ser muy interesante.

REPASO

I. **Fill in the appropriate verb from the list below; use the preterite form.**

1. Ayer (yo) _____ a Margarita en la casa de Carlos.
2. Ellos _____ en Puerto Rico por dos semanas.
3. María Dolores y él no _____ estudiar conmigo.
4. (Tú) _____ las cajas anoche.
5. Nosotras _____ mucha historia en esa clase.
6. Ud. me _____ ayuda la semana pasada.
7. ¿A qué hora te _____ anteayer?
8. (Yo) le _____ el tema a Beatriz.
9. Uds. _____ los discos por tres horas. Ay, ¡qué dolor de cabeza!
10. (Yo) _____ las tortillas en el restaurante.

ir	estar
traer	comer
poder	conocer
aprender	explicar
pedir	escuchar

II. **Write an eight sentence composition, using at least five different verbs, about your *last* vacation.**

III. **Match each word in the column on the right with a word on the left.**

1. enseñar   _____ indio
2. gaseosas   _____ horno
3. negociante   _____ maestra
4. mixteca   _____ revistas
5. laboratorio   _____ botellas
6. césped   _____ cartas
7. camarero   _____ tienda
8. cocinera   _____ jardinero
9. secretaria   _____ propina
10. fotos   _____ inglés

IV. **Respond with an appropriate phrase or sentence to each of the following.**

1. Mucho gusto.
2. ¿Es Ud. puertorriqueño?
3. Encantada.
4. ¿Qué hay de nuevo?
5. Vale la pena estudiar mucho.
6. ¿A cómo estamos?

7. Te doy el regalo.
8. Estoy enfermo.
9. ¿Qué haces?
10. ¡Buenas!

V. Rewrite the paragraph in the past.

   Llego a la casa de Elena. Ella no está. Voy a la escuela.
Tampoco está allí. Finalmente la encuentro en el cine con unas
amigas. Pregunto si quiere salir conmigo. Ella dice que no. ¡Qué
pérdida de tiempo! No me quedo en el cine. Mientras salgo veo a
Gertrudis. Decido que prefiero salir con ella. ¡Es más amable!

VI. Fill in the appropriate word from the list below.
1. No conozco a _____ prima.
2. ¡_____ es difícil!
3. ¿Marcos? No, no _____ vi.
4. Necesitamos _____ gaseosas.
5. ¿Las cajas? Son _____.
6. Ella no tiene los melones. Yo _____ tengo.
7. No es ésta; es _____.
8. Es _____ tema más interesante.
9. Los discos son _____.

> los
> mías
> esto
> el
> más
> lo
> la
> suyos
> ésa

VII. Choose between the preterite and imperfect. Then fill in the correct form.
1. _____ Antes (nosotros) (comer) siempre en VIPS.
2. _____ Anoche ellos (escoger) al campeón a las siete.
3. _____ En esos días Susana (hablar) conmigo a menudo.
4. _____ Anteayer me (llamar) Jorge después del desayuno.
5. _____ Cuando él y yo (ser) jóvenes, jugábamos tenis todos los días.
6. _____ La semana pasada tú (venir) al mediodía.
7. _____ Mientras (yo) (cantar), Ud. leía el periódico.
8. _____ Uds. (vivir) en Costa Rica por un año.

VIII. Rewrite each sentence changing all nouns to pronouns.

> *Example:* *Ricardo le da la caja.*   *El se la da.*

1. Nancy les vende el coche.
2. Paco y María me enseñan la música.
3. Miguel y Ud. nos mostraron las pinturas.
4. Alfredo y yo le dimos el regalo.
5. Los González les escribieron la carta.

IX. Free Response

1. ¿Antes estudiabas más que ahora?
2. ¿Deben irse mañana?
3. ¿Estás cantando ahora? ¿Qué estás haciendo?
4. ¿Prefieres salir conmigo o con él?
5. ¿Estudiaron Uds. en el laboratorio de lenguas ayer?
6. ¿Viste a Juan en la biblioteca?
7. ¿Van Uds. al cine esta noche?
8. ¿Qué querías hacer ayer por la tarde?

X. Fill in the correct verb(s).

1. _____ Nosotras (must work) más.
2. _____ Antes (tú) me (used to write) a menudo.
3. _____ ¿Por qué (is walking) él ahora?
4. _____ Ud. (moved) a San Francisco en octubre.
5. _____ Antes mis amigos (used to read) cada descripción.
6. _____ Uds. (are going to earn) muy poco.
7. _____ (Yo) (know how to play). ¡Es fácil!
8. _____ Ayer a las cinco Antonio (lost) la bolsa.
9. _____ Nosotros (are) de los Estados Unidos de América.

RINCÓN DE CULTURA
Cuernavaca

Not far from Mexico City is Cuernavaca, a city that is a popular place, among Americans, to study and to live. Both tourists and residents can purchase beautifully woven goods near the central plaza. Many buildings, including government ones, retain a colonial charm. The gardens that were once those of the Emperor Maximilian and his wife Carlota still exist. During the troubled rule of Maximilian the gardens were a place for rest and relaxation. The flowers are beautiful and the peaceful surroundings make the activity of the city seem far away.

The well-to-do have for a long time found Cuernavaca an attractive place to live. The pleasant climate is a perfect setting for beautiful homes and elegant patios. Cuernavaca also has among its population a number of retired Americans who feel that they have found the "good life."

Several language schools have flourished in Cuernavaca. It is not uncommon for students to spend a month or two in Cuernavaca studying Spanish. For the most part the schools emphasize spoken Spanish. After a month or more in Cuernavaca, almost all students are very pleased with the improvement in their Spanish.

Traditionally Cuernavaca has been considered a good place for raising children. Recreational areas and plazas are available for outings. Also, there is little air pollution — at least compared to Mexico City. And, in general, children and adults are safer than in Mexico City. There are fewer car accidents and crimes than in the nation's capital.

One of the advantages of living in Cuernavaca, capital of the state of Morelos, is that it is easy to visit nearby attractions. Besides Indian villages, there are well preserved remains from pre-Spanish times. You can easily make a trip to a village or archaeological site as part of a Saturday outing. You cannot help but admire the skill of Indian artists. After a visit to Cuernavaca and some of the surrounding sites, you may decide that it is time for a Coke break! Yes, Cuernavaca has the ever present Coke!

Shopping in Cuernavaca!

Americans are among the many who enjoy Cuernavaca.

LA GRAMÁTICA

I. More Irregular Preterites

There are preterite verbs which are irregular only in the third person singular (he, she) and third person plural (they) forms. These verbs are irregular because they undergo one of two possible vowel changes:

e → i

o → u

sentir (e → i):

Priscila lo sintió.	Priscila was sorry about it.
Ellos lo sintieron.	They were sorry about it.

Other verbs of this type are: *preferir, seguir, conseguir* and *vestir.*

dormir (o → u):

El niño durmió.	The child slept.
Los gatitos durmieron.	The kittens slept.

Another verb of this type is *morir* (to die).

II. The Imperfect

	hablar	comer	vivir
stem	**habl-**	**com-**	**viv-**

habl-	com- / viv-
-aba	-ía
-abas	-ías
-aba	-ía
-ábamos	-íamos
-aban	-ían

hablabais	comíais vivíais

Only the following verbs are irregular in the imperfect.

ser: era, eras, era, éramos, eran, (erais)
ir: iba, ibas, iba, íbamos, iban, (ibais)
ver: veía, veías, veía, veíamos, veían, (veíais)

You have already studied past verb forms called the preterite. There are other past forms called the imperfect. Often the English equivalents of the imperfect are: a) used to, b) was, were + -ing, c) would.

a) Ella vivía en Chicago.	She used to live in Chicago.
b) El muchacho estudiaba.	The boy was studying.
c) El estudiante nos visitaba todos los días.	The student would visit us every day.

III. The Imperfect versus the Preterite:

Now you know that there are two ways to express the past in Spanish. In reality, it means that there are two ways in Spanish to view an action in the past. If the action is viewed as a) completed in the past or b) as begun in the past, then the *preterite* is used. If the action is viewed as going on in the past, then the *imperfect* is used. Normally for descriptions and repeated acts in the past, the *imperfect* is the form used.

1. PRETERITE

a) completed action:

Pito habló.	Pito spoke.
Tú comiste.	You ate.

b) Action begun in the past:

El niño se durmió.	The child fell asleep.
Yo lo supe.	I found out about it. (That is, I began knowing about it.)

2. IMPERFECT

a) Action going on in the past:

Yo lo sabía.	I knew it. (That is, I was in the process of knowing it.)
El niño se dormía.	The child was falling asleep.

b) Description in the past:

Ella era una niña muy bonita.	She was a very pretty girl.
El perro estaba allí.	The dog was there.

3. Contrasts between IMPERFECT and PRETERITE

María *hablaba* cuando *entró* Juan.	Mary *was talking* when John *came* in.
Mientras *vivíamos* en Puerto Rico, Pepe nos *visitó*.	While we *were living* in Puerto Rico, Joe *visited* us.
Ellas *estudiaban* mientras *escuchaban* la música.	They *were studying* while they *were listening* to the music.
Ellas *estudiaron* y después *escucharon* la música.	They *studied* and then *listened* to the music.

IV. Combining Object Pronouns

Me lo da (a mí).	*He gives it to me.*
Te lo da (a ti).	*He gives it to you.*
Se lo da $\left\{ \begin{array}{l} \text{(a usted, a ustedes).} \\ \text{(a él, a ella).} \\ \text{(a ellos, a ellas).} \end{array} \right.$	*He gives it to* $\left\{ \begin{array}{l} \textit{you.} \\ \textit{him, her.} \\ \textit{them.} \end{array} \right.$
Nos lo da (a nosotros).	*He gives it to us.*
Os lo da (a vosotros).	*He gives it to you.*

Spanish places the indirect object pronoun before the direct object pronoun when they are both used in a sentence. They are placed before the main verb except when there is an infinitive, a present participle or an affirmative command.

Ella te lo da.	She's giving it to you.
Nos lo das.	You're giving it to us.

In the case of infinitives and present participles, these object pronouns may be placed either before the *main verb* of the sentence or after the infinitive or present participle.

Te lo voy a dar.	
Voy a dártelo.	I'm going to give it to you.
Me los están vendiendo.	
Están vendiéndomelos.	They are selling them to me.

If the third person indirect object *(le, les)* is going to be used, this form must be changed to *se* before it can be placed before the direct object pronoun *(lo, los, la, las)*.

Le doy el libro.	
Le doy el libro a él.	I'm giving him the book.
Se lo doy.	
Se lo doy a él.	I'm giving it to him.
Les das las cosas.	You're giving them the things.
Se las das.	You're giving them to them.

VOCABULARIO

	algo somewhat		**azteca** Aztec
la	**amistad** friendship		**bastante** quite a bit
	aunque even though		**bautista** Baptist
el	**autor** author		**bilingüe** bilingual
la	**ayuda** help	la	**caja** box

caliente hot, warm
la **calle** street
cansarse to become tired
la **capital** capital
la **carta** letter
la **ceremonia** ceremony
el **colegio** school (usually private)
colombiano Colombian
como like
la **comunicación** communication
la **construcción** construction
contigo with you
convertirse to turn into
corregir to correct
¡Cuidado! Watch out!
chileno Chilean
darse cuenta to realize
el **departamento** department
depender to depend
el **descanso** rest
dificilísimo, -a very difficult
duro, -a hard
la **edad** age
la **educación** education
el **empleado** employee
el **empleo** job, work
encantado, -a enchanted
escribir a máquina to type
el **especialista** specialist
especialmente especially
el **estado** state
exigente demanding
exótico, -a exotic
la **falta (de)** lack (of)
el **filósofo** philosopher
el **fin** end
  el **fin de semana** weekend
formal formal
el **fotógrafo** photographer
guatemalteco Guatemalan
el **gusto** pleasure
  El gusto es mío. The pleasure is mine.
  Mucho gusto. It's a great pleasure.
  Tanto gusto. It's such a pleasure.
hace ago
  hace (quince) años (fifteen) years ago
el **horno** oven
impersonal impersonal
el **ingeniero** engineer

jamás never
el **laboratorio** laboratory
la **lengua** language
la **librería** bookstore
luterano Lutheran
la **maestra** (female) teacher
los **maestros** teachers
maya Mayan
la **mayoría** majority
el **medio** means
  los **medios de comunicación** means of
    communication
mexicano Mexican
el **modismo** idiom
morir to die
mudarse to move
la **orden** order
  a sus órdenes at your service
otros, -as others
la **paciencia** patience
para servirle at your service
el **peligro** danger
peligroso, -a dangerous
pentecostés Pentecostal
personal personal
el **perro** dog
pobre poor
preparar to prepare
presentar to introduce
profesional professional
la **pronunciación** pronunciation
el **pueblo** town, village
puertorriqueño Puerto Rican
quisiera I would like (form of **querer**)
quizás perhaps
el **secretario** (male) secretary
secundario, -a secondary
el **sonido** sound
supervisar to supervise
la **ventaja** advantage
la **ventana** window
verdadero, -a real
vestir to dress
vestirse to dress oneself
el **vidrio** glass
zapoteca Zapotec

209

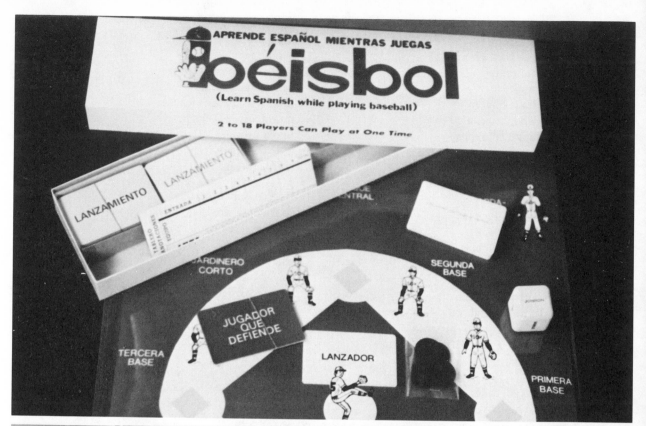

DIÁLOGO
Los juegos

GLENDA: ¡Uds. iban a jugar por solamente una hora!

FERNANDO: Sí, Glenda, pero seguimos jugando porque es un juego tan divertido.

GLENDA: ¿Y el trabajo de la casa?

FERNANDO: Podemos hacerlo después.

NÉSTOR: Estoy de acuerdo contigo, Fernando.

MARILIA: Para trabajar mejor, hay que divertirse de vez en cuando.

ANTONIO: Dorotea y Verónica iban a estar aquí a las siete. Les gusta jugar a los naipes.

JUAN: La última vez estábamos terminando cuando llegaron.

CARLOS: Bueno, lo pasamos lo más bien aun sin ellas.

ANTONIO: Sí, especialmente cuando sigo ganando yo.

JUAN: ¡Un momento! Antonio, no ganas siempre. Debes ser más humilde.

Preguntas sobre el diálogo

1. ¿Por cuánto tiempo iban a jugar?
2. ¿Por qué siguieron jugando?
3. ¿Hicieron el trabajo?
4. ¿A qué hora iban a estar las muchachas?
5. A ellas, ¿qué les gusta jugar?
6. ¿Están tristes los muchachos?
7. ¿Cuándo llegaron Dorotea y Verónica la última vez?
8. ¿Gana siempre Antonio?

Games

GLENDA:	You were going to play for only an hour!
FERNANDO:	Yes, Glenda, we kept playing because it's such a fun game.
GLENDA:	And the housework?
FERNANDO:	We can do it later.
NÉSTOR:	I agree with you, Fernando.
MARILIA:	In order to work better, it's necessary to have fun once in a while.

ANTONIO:	Dorotea and Verónica were going to be here at seven. They like to play cards.
JUAN:	Last time we were finishing when they arrived.
CARLOS:	Well, we enjoy ourselves a lot even without them.
ANTONIO:	Yes, especially when I continue winning.
JUAN:	Just a moment! Antonio, you don't always win. You should be more humble.

EXPRESIONES Y PALABRAS ÚTILES

Uds. iban a…	You were going to…
es…tan divertido.	it's…so much fun.
…de vez en cuando.	…once in a while.
Les gusta jugar…	They like to play…
Lo pasamos lo más bien…	We enjoy ourselves very much…
¡Un momento!	Just a moment!

SUPLEMENTO

1. Términos que se asocian con los juegos (terms associated with games)

¡Ay! Cometimos un error.	Oh no! We made a mistake.
Estoy jugando muy bien.	I'm playing very well.
Estoy jugando terriblemente.	I'm playing terribly.
Este es un juego divertido.	This is a fun game.
Lo hiciste muy bien.	You did it very well.
Me divierto jugando este juego.	I enjoy playing this game.
Me toca a mí.	It's my turn.
¡Qué jugada!	What a play!
Sé jugar.	I know how to play.
Tengo poca experiencia.	I have little experience.
Te toca a ti.	It's your turn.

Descansábamos a menudo.

Me senté aquí.

Escribías con mucho cuidado.

The "was going to" Construction

7. El iba a jugar hoy.   El iba a jugar hoy.

   Yo

   Uds.

   Nosotros

   Tú

   Antonio

8. Va a hablar.   Iba a hablar.

   Uds. van a hablar.

   Nancy y yo vamos a hablar.

   Tú vas a hablar.

   Los amigos van a hablar.

   La familia Rodríguez va a hablar.

9. **Redo the sentence using the *iba* + *a* + infinitive construction.**

   > *Example:* *Salí con ellos.*   *Iba a salir con ellos.*

   Llevamos la comida.

   Estuvo aquí a las dos.

   Ganaste el juego.

   Terminaron con el programa.

   Hizo muy poco.

   Vinimos antes.

Free Response

10. ¿Ibas a jugar tenis conmigo?

    ¿Siguen estudiando Uds. mucho?

    ¿Con quién estabas hablando?

    ¿Por cuánto tiempo vas a estar aquí?

    ¿Para quién es el regalo?

    ¿Cuánto me das por el libro?

    ¿Ibamos a salir juntos?

    ¿Qué tiempo hace?

11. **Read each sentence filling in *por* or *para*, whichever is appropriate.**

    Gracias _____ todo.

    Te doy cinco pesos _____ el libro.

    Es _____ ti. Es un regalo.

    Sí, pasé _____ ellos.

    Mañana salimos _____ Panamá. Llegamos allí a las cinco.

    _____ hablar bien, hay que practicar.

    Este examen es _____ el lunes.

    Viví en Puerto Rico _____ cuatro años.

VOCABULARIO CLAVE QUE VIENE

el **aniversario de boda** wedding anniversary
anteayer day before yesterday
asistir to attend
el **nieto** grandson
al mismo tiempo at the same time
la **tortilla a la española** Spanish omelet
dulce sweet
el **invitado** guest
la **conversación** conversation

el **modo** way
pasar to spend
el **churro** "cruller" (kind of fritter)
religioso, -a religious
el **desfile** parade
la **imagen** image
el **santo** saint
la **Iglesia católica** Catholic church
el **creyente** believer
rutinario, -a routine

el **carnaval** carnival
la **competencia** competition
tirar to throw
la **llanta** tire
el **azar** chance
la **adivinanza** prediction
hacer adivinanzas to tell fortunes
pegar to hit
la **esponja** sponge
el **ruido** noise

LECTURA 1
Días especiales

Enrique y Marta iban a celebrar su aniversario de boda anteayer pero esperaron hasta hoy. Muchos de sus amigos asistieron a la fiesta en su honor. Entre los más entusiásticos se hallaba su nieto Antonio. Al mismo tiempo* en otro hogar se preparaba para una fiesta de cumpleaños. Se preparaban tortillas a la española. Además había postres muy dulces. El hijo menor estaba admirando uno de los postres cuando llegaron los invitados. Este hijo quería comer todo el postre pero su mamá dijo que no. Todos pudieron comer bien durante la fiesta. La comida y la conversación son aspectos importantes de cualquier fiesta típica.

Otro modo de pasar un día especial es ir al parque. En los parques grandes se puede conseguir algo de comer. En España la comida incluye el famoso churro. En casi todo el mundo hispánico hay días de celebración religiosa. Hay desfiles. Se llevan imágenes de santos y vírgenes por las calles. Son días importantes para la Iglesia católica y los creyentes. Además son un cambio de la vida rutinaria.

También son populares las fiestas entre los jóvenes que asisten a los campamentos hispánicos. A ellos les gustan las fiestas de carnaval. Una competencia popular es tirar el Frisbee y pasarlo por una llanta. Otra atracción son los juegos de azar. Cerca de estos juegos una muchacha hace adivinanzas.** Nadie toma las adivinanzas en serio. Todos los campamentistas siguen participando con entusiasmo, especialmente cuando pueden pegarle a un consejero con una esponja. Siempre hay algunos que quieren hacer demasiado ruido. Tú no eres uno de ellos. ¿No es así?

---

*Al mismo tiempo... At the same time...
**...hace adivinanzas. ...tells fortunes.

Preguntas sobre la lectura

1. ¿Qué iban a celebrar Enrique y Marta?
2. ¿Quiénes asistieron a la fiesta?
3. ¿Qué cosas se preparaban para la fiesta de cumpleaños?
4. ¿Quién dijo que el hijo no podía comer todo el postre?
5. ¿Cuáles son aspectos importantes de cualquier fiesta?
6. ¿Cuándo hay desfiles?
7. ¿Por qué son populares los días de celebración religiosa?
8. ¿Cuáles son algunas de las actividades de carnaval que son populares en el campamento hispánico?

El teatro popular.

Un día especial para la familia.

217

EJERCICIOS ESCRITOS

I. **Fill in the correct form of the progressive.**

1. _____ Ayer cuando nosotros (estar) (hacer) lo, ella llegó.
2. _____ En este momento él (estar) (escribir) el examen.
3. _____ Anoche (tú) (estar) (correr) afuera cuando Rafael entró.
4. _____ Ahora Ud. (seguir) (practicar).
5. _____ Mientras Carmen y Glenda (estar) (jugar), comí todo el postre.

II. **Rewrite the sentence in the *seguir* + *-ando* or *-iendo* construction and then the *iba* + *a* + infinitive construction.**

> *Example:* *Asistí al campamento.*   *Sigo asistiendo al campamento.*
>
> *Iba a asistir al campamento.*

1. Ud. comió la tortilla.
2. Priscila hizo el ejercicio.
3. Visitaron la escuela.
4. Siempre teníamos fiestas.
5. Lo preparaste bien.
6. Llevé las bolsas.
7. Leía los anuncios.

III. **Rewrite each sentence in the simple preterite.**

> *Example:* *Todos iban a jugar.*   *Todos jugaron.*

1. Lo íbamos a hacer muy bien.
2. Sigo tocando la guitarra.
3. No ibas a ganar nunca.
4. Otra atracción sigue siendo el juego.
5. Nadie estaba tomando en serio las adivinanzas.
6. La comida iba a incluir el famoso churro.
7. Estábamos cometiendo muchos errores.

IV. **Redo the paragraph in the *tú* form.**

Cometió muchos errores en el partido. Estaba jugando terriblemente. No hizo nada bien. Tenía poca experiencia. También tuvo mala suerte. Sin embargo no se quejó nunca. Gozó mucho. Mañana va a jugar mejor.

V. **Fill in *por* or *para*, whichever is appropriate.**

1. Mañana salgo _____ Guadalajara, México.
2. Voy a estar en Guadalajara _____ tres meses.
3. Este periódico es _____ Ud.

4. Te damos diez pesos _____ el disco.
5. Gracias _____ el televisor.
6. Pasaron _____ mi casa.
7. ¿El libro? Es _____ la clase de español.
8. _____ ir a la una, debemos prepararnos ahora.
9. La maleta es _____ la ropa.
10. Después de caminar _____ el parque, fuimos a casa.

VI. Match the statement with the correct word from the list below.

1. Se camina por la calle.
2. Nos divertimos mucho.
3. Es donde se estudia.
4. Me gusta la tortilla a la española.
5. Va a la iglesia.
6. Se usan naipes.
7. Es la persona que enseña.
8. Aquí trabajan los consejeros.

el campamento
la comida
el creyente
la fiesta
el maestro
la escuela
el juego
el desfile

VII. Free Response

1. ¿Te gustan los desfiles?
2. ¿Iban a ir Uds. conmigo anoche?
3. ¿Qué comiste ayer de postre?
4. ¿Asistieron Uds. anteayer a la fiesta?
5. ¿Tomas las adivinanzas en serio?
6. ¿Me toca a mí?
7. ¿Qué tiempo hacía ayer?
8. ¿Llegaron Uds. a clase a las tres?
9. ¿Sigues estudiando mucho?
10. ¿Cuál es tu juego favorito?

VIII. *Correct* the mistakes in the following sentences. There are ten mistakes.

1. Las días especiales son días de celbración.
2. La últimas vez ganés yo.
3. Seguimas jugardo hasta la cinco.
4. Trabají para él y depués fui a la cine.

VOCABULARIO CLAVE QUE VIENE

la **universidad** university, college
autónomo, -a autonomous
el **estadio** stadium
deportivo, -a sports
olímpico, -a olympic
la **mitad** half
el **rollo** roll
sin duda without doubt
contener to contain

lo (pasar) lo más bien to enjoy
oneself very much
la **sorpresa** surprise
cien mil 100,000

político, -a political
en voz alta out loud
el **descubrimiento** discovery
América Western Hemisphere
Colón Columbus
acompañar to accompany
aceptar to accept
la **invitación** invitation
el **sentido** sense, meaning
hispano, -a Hispanic

el **interés** interest
estudiantil student
la **política** politics
el **lema** slogan
la **pared** wall
la **reforma** reform
la **manifestación** demonstration
pacífico, -a peaceful
el **museo** museum
la **ciencia** science
el **mural** mural
el **tema** topic
la **opresión** oppression
las **masas** masses
el **comentario** commentary
obvio, -a obvious

LECTURA 2
La UNAM

Rubén, Priscila y Marcos pasaron un día en la Universidad Nacional Autónoma de México. Estaban caminando por la universidad y llegaron al estadio deportivo. Marcos preguntó si era el estadio olímpico. Priscila contestó que sí. Era el estadio principal de los juegos olímpicos de 1968. Marcos iba a sacar muchas fotos pero solo pudo sacar la mitad de un rollo. No tenía más rollos. Priscila, una estudiante de la UNAM, dijo que la UNAM era la mejor universidad de México. Sin duda sigue siendo la universidad más grande. Contiene ejemplos bellos del arte mexicano.

Los tres amigos leyeron unos anuncios. Se anunciaba una serie de actividades sociales, culturales y políticas. Rubén leyó en voz alta el anuncio de una fiesta para la celebración del Día de la Raza. Cada doce de octubre se celebra en el mundo hispánico no solamente el descubrimiento de América por Colón sino también el orgullo de ser persona hispánica. Rubén y Priscila preguntaron si Marcos quería acompañarles a la fiesta esa noche. Marcos no era de México o de otro país de habla española. Sin embargo, aceptó la invitación porque le gustaban las fiestas. ¡En este sentido era muy hispano!

Marcos y sus amigos hablaron del interés estudiantil en la política. Había lemas en varias paredes. Se interesaban mucho algunos estudiantes en la reforma. De vez en cuando hay manifestaciones políticas pero ese día todo estaba muy pacífico. Se podía visitar el museo universitario de ciencias y artes y admirar la variedad de edificios. En las paredes de algunos edificios había murales. Los murales son ejemplos del arte mexicano. Usualmente el muralismo tiene un tema social — por ejemplo, la opresión de las masas — y a veces se hace un comentario político muy obvio.

Priscila, Rubén y Marcos lo pasaron lo más bien* en la UNAM. Cuando se fueron a casa muy tarde, ya había muy poca gente en la universidad. ¡Qué sorpresa no ver a nadie en una de las plazas! ¡Y es una universidad de más de cien mil estudiantes!

*...*lo pasaron lo más bien*... ...(they) enjoyed themselves very much...

Preguntas sobre la lectura

1. ¿Qué universidad visitaron los tres amigos?
2. ¿Por qué no pudo sacar Marcos muchas fotos?
3. ¿Quién dijo que la UNAM era la mejor universidad de México?
4. ¿Qué se celebra el doce de octubre?
5. ¿En qué sentido es Marcos muy hispano?
6. ¿Vieron los amigos una manifestación?
7. ¿Por qué fue una sorpresa no ver a nadie en la plaza?

El estadio olímpico.

Uno de los edificios modernos de la UNAM.

REPASO

I. **Fill in the correct verb from the list below. Use each verb only once.**

1. Anoche (yo) _____ a Elena demasiado tarde.
2. Mañana ellas _____ a visitar a mi tío.
3. Antes Priscila _____ a menudo en la biblioteca.
4. Cuando (tú) _____ joven, fuiste a Bogotá.
5. Sí, Ud. _____ a Luis ayer.
6. Mientras nosotros _____ futbol, el señor Sánchez leía el periódico.
7. No, Uds. no _____ llamarme hasta la una.

eras	conoció
deben	estudiaba
encontré	jugábamos
van	

II. **Rewrite each sentence replacing each noun with a pronoun.**

> *Example:* La tía le da el libro.   Ella se lo da.

1. Elena me prestó el mapa.
2. Margarita y Napoleón le dieron la lechuga.
3. Jorge y la mamá les venden la bicicleta.
4. Te van a mostrar los televisores.
5. Le están comprando el coche.

III. **Fill in the appropriate word from the list below.**

1. Fueron _____ fiestas favoritas.
2. ¿Qué es _____?
3. Son _____ amigos muy buenos.
4. ¿_____ es? ¿El grande o el pequeño?
5. _____ Jorge, ella no va a estar allí.
6. ¿Las bebidas _____? No sé donde están.
7. Caminaron _____ el centro.
8. No es esa universidad; es _____.

esto	hacia
tuyas	cuál
según	ésta
unos	nuestras

IV. **In at least one sentence in Spanish, state the importance of each of the following.**

1. la UNAM
2. el muralismo
3. Cuernavaca
4. el doce de octubre
5. la avenida Reforma
6. Sanborns y VIPS

V. **Fill in the correct verb.**

1. _____ En esos días él (used to come) a veces muy tarde.
2. _____ Hoy Ud. (want to sell) todo.
3. _____ (It was) la una, cuando finalmente ganaron.
4. _____ Anoche (I arrived) a casa antes que ella.
5. _____ Uds. (must study) más. ¿Están de acuerdo?
6. _____ Anteayer (tú) (saw) al papá y no al hijo.
7. _____ En este momento nosotras (continue writing) las oraciones.
8. _____ Marta (prefers to call) ahora mismo.

VI. **Free Response**

1. ¿Me llamó Ud. anoche?
2. ¿Cuándo se conocieron Uds. por primera vez?
3. ¿Celebra Ud. el doce de octubre? ¿Qué haces ese día?
4. ¿Me vas a dar un regalo?
5. ¿Qué hacían Uds. durante una fiesta?
6. ¿Jugaste "póker" anoche?
7. ¿Nos muestran Uds. la escuela?
8. ¿Con quiénes saliste la semana pasada?

VII. **Decide whether or not each of the following statements is correct. If it is not, correct the statement.**

1. Los fotógrafos trabajan solamente en lagos.
2. El día del examen es normalmente cuando tenemos una fiesta.
3. Los maestros enseñan algo en una escuela.
4. La criada es la persona que ayuda al paciente.
5. Una comida es un ejemplo de la propaganda.
6. Los campamentos están en el centro de la ciudad.
7. Hay palmas en México.

Demonstratives, Possessive Adjectives, Prepositions

VIII. **Fill in the correct word(s).**

1. ¿Es _____ (that) laboratorio? Sí, _____ (that one).
2. ¿Los abuelos _____ (yours - familiar form)? Están en la cocina.
3. Vivimos _____ (behind the) hospital.
4. No sé que fue _____ (that).
5. Hay que preparar todo _____ (for) mañana.
6. _____ (Instead of) trabajar, quiero ir al cine.
7. _____ (Our) maestras son _____ (those) mujeres.
8. _____ (Opposite the) edificio hay dos estatuas.

RINCÓN DE CULTURA
Tourism in Mexico

The hotel industry is well developed in Mexico. The Mexican economy is partially dependent on tourism. Some of the hotels are huge in order to accommodate the many tourists from the United States and other countries. Along the coast, hotels are built at scenic spots whenever possible. For the largest hotels the investment in land and facilities can be very costly. Foreign tourists are especially important to these hotels. The hotels face a financial crisis if too many rooms remain unoccupied.

In Acapulco the tourist season basically covers the winter months. The warm climate attracts many people who live in places that have cold winters. Around February many of us living in a northern climate look forward to a swim in a nice pool. Just being able to walk around in a short-sleeved shirt seems like a treat. Naturally Mexico has to compete with other areas such as the Bahamas and Puerto Rico for tourists.

Some Mexicans try to benefit directly or indirectly from the tourist industry. Children sell gum and other small items to those who pass by. Some families sell larger items such as necklaces to the tourists. Wherever there are significant numbers

The bullfight is one of the many tourist attractions in Mexico.

of tourists, there are individuals selling woven goods as well as pottery. If you are lucky, you actually get to see artisans making pottery. Some of their work is of very high quality.

In general, areas along the coast that cater to foreign tourists are more expensive than the places normally visited by the average Mexican. However, in almost any street market, some careful bargaining can lead to some good buys. In the areas often visited by tourists, street vendors sell a variety of goods. Any tourist bus that stops is likely to draw a small crowd of vendors.

Many visitors to Mexico are not satisfied with just visiting a coastal resort. They want to see more of Mexico. Some, for example, go to Taxco while others visit Guanajuato. Both cities have a provincial charm. The University of Guanajuato is an example of the interesting buildings found in Mexico. It represents, compared to the coastal resorts, another aspect of Mexican life. This is equally true of the Indian pyramids at Teotihuacán. The pyramids are a reflection of the Indian heritage of Mexico. There is so much to see and, for the energetic, so much to do in Mexico! Whatever your interests, you should be able to find something in Mexico that appeals to you.

Magnificent Indian pyramids are a source of national pride in Mexico.

LA GRAMÁTICA

I. *Seguir* in the Progressive

The present progressive is usually a combination of *estar* and a verb in the *-ando* or *-iendo* form. However, there are other verbs that are sometimes used in place of *estar*. The most commonly used of these verbs is *seguir* (to continue).

Ellos siguen hablando.	They continue talking.
Sigo estudiando.	I continue studying.

The conjugation of *seguir* in the present tense is:

yo sigo	nosotros seguimos
tú sigues	vosotros seguís
él	ellos
ella $\Big\}$ sigue	Uds. $\Big\}$ siguen
Ud.	

II. The Past Progressive

The past progressive is usually formed with the imperfect form of *estar* or *seguir* (both regular in the imperfect conjugation).

Nosotros estábamos comiendo el postre.	We were eating the dessert.
Tú seguías jugando futbol.	You continued playing soccer.

III. The *iba* + *a* + infinitive construction

The *ir* + *a* + infinitive construction has the meaning "was going to" or "were going to" when the imperfect of *ir* (*iba*, etc.) is used.

El iba a trabajar hoy.	He was going to work today.
Nosotras íbamos a salir.	We were going to go out.

IV. *Por* versus *Para*

Por is used primarily in the following situations and with the following meanings:

for (an exchange)	*Te doy cinco dólares por el disco.* I'll give you five dollars for the record.
	Va a trabajar por mí. He (or she) is going to work for me (in my place).
for (with duration)	*Estudié por cuatro horas.* I studied for four hours.
by	*Pasé por la escuela ayer.* I stopped by the school yesterday.
because of	*Por eso nos fuimos.* Because of that we went.

through	*Salen por la otra puerta.* They're leaving through the other door.

Para is used primarily in the following situations and with the following meanings:

for (with destination)	*Salgo para Miami mañana.* I'm leaving for Miami tomorrow. *Este libro es para Ud.* This book is for you.
by or **for** (with deadlines)	*El informe es para el lunes.* The report is for Monday.
in order to	*Para aprender bien, es necesario estudiar.* In order to learn well, it's necessary to study.

Note that Spanish speakers always say *gracias por* and *voto por* (*votar* — to vote).

VOCABULARIO

aceptar to accept
acompañar to accompany
la adivinanza prediction
    hace adivinanzas tells fortunes
    América Western Hemisphere
el aniversario anniversary
el arte art
el aspecto aspect
la atracción attraction
    autónomo, -a autonomous
el azar chance
la boda wedding
el calor heat
el cambio change
el carnaval carnival
la celebración celebration
la ciencia science
    Colón Columbus
el comentario commentary
    cometer to commit
la competencia competition
    contener to contain
la conversación conversation
el creyente believer
    cultural cultural
el churro, "cruller" (a kind of fritter)
    deportivo, -a sports
el descubrimiento discovery
el desfile parade
    divertido, -a enjoyable, amusing
    divertirse to enjoy oneself
la duda doubt
    dulce sweet
    entusiástico, -a enthusiastic
el error mistake
la esponja sponge
el estadio stadium
    estudiantil student
    fresco cool
    frío cold
    hispano, -a Hispanic
    humilde humble
la imagen image
el informe report
el interés interest
la invitación invitation
el invitado guest

el juego game
el lema slogan
la llanta tire
    llover to rain
    mal bad (weather)
la manifestación demonstration
las masas masses
la mitad half
el momento moment
    ¡Un momento! Just a moment!
el mural mural
el muralismo muralism
el museo museum
el naipe (playing) card
    nevar to snow
    obvio, -a obvious
    olímpico, -a olympic
la opresión oppression
    pacífico, -a peaceful
lo (pasar) lo más bien to enjoy oneself very
    much
    pegar to hit
    poco, -a few
la política politics
    político, -a political
la raza race, ethnic group
la reforma reform
    religioso, -a religious
el rollo roll
el ruido noise
    rutinario, -a routine
el santo saint
el sentido sense, meaning
    sino but
la sorpresa surprise
    tan so
    terminar to finish
    terriblemente terribly
el tiempo weather, time
la tortilla a la española Spanish omelet
    universitario, -a university
el viento wind
    hace viento it's windy
la virgen virgin
    votar to vote
la voz voice
    en voz alta out loud

LECTURA 1
Pilar, una turista mexicana

Pilar, una estudiante de México, era una turista en la Ciudad de Nueva York. Un día ella caminó por la famosa avenida Park. Vio muchos negocios elegantes. Quería comprar unos regalos para sus amigos pero todo costaba demasiado. Decidió no comprar nada. ¡Qué lástima!

Después de caminar por cuarenta y cinco minutos, ella entró a un restaurante. Ella habló con la camarera. Pidió una hamburguesa y papas fritas. ¡Qué rica era la comida norteamericana! Pilar comió rápidamente y después salió a la calle.

Ella pasó por el Rockefeller Center. Cerca de ese edificio, Pilar vio una librería, un negocio que vende libros. Entró a la librería y se sorprendió cuando encontró muchos libros en español. Pero Pilar compró dos libros en inglés. Quería leer más inglés. Y Uds., ¿saben leer el español?

Preguntas sobre la lectura

1. ¿De dónde era Pilar?
2. ¿En qué ciudad estaba?
3. ¿Por dónde caminó ella?
4. ¿Por qué no compró unos regalos?
5. ¿Qué hizo después de cuarenta y cinco minutos?
6. ¿Qué comió Pilar?
7. ¿Se vende comida en una librería?
8. ¿Compró Pilar libros en español?

LECTURA 2
Ricardo, un profesor puertorriqueño

Ricardo era de una ciudad pequeña en Puerto Rico. Vivió en Nueva York por dos años. Luego se fue a Tejas donde asistió a la escuela secundaria. Estudiaba en Austin, la capital del estado, y pasaba los veranos en San Antonio. Cuando estaba en casa con sus padres, hablaba español. Pero en la escuela hablaba solamente inglés. Era una vida bilingüe.

Después de unos años se fue a Nebraska y asistió a una universidad pequeña. Le gustó estudiar y decidió ser maestro. Cuatro años después ya era maestro. Encontró trabajo primero en Tejas y luego en Minnesota.

Dentro de tres años se cansó de enseñar a niños. Decidió que quería enseñar en una universidad. Estudió por varios años en la Universidad de Minnesota. ¿Qué estudió? Estudió el español. Todavía sabía hablar español.

Ahora Ricardo es profesor en una universidad grande. Cada tres años él vuelve a Puerto Rico para visitar a sus parientes. Los parientes admiran el talento y éxito de Ricardo. Ricardo siempre les dice que a él le gusta Minnesota pero no le gusta el frío del invierno. En el invierno echa de menos a Puerto Rico.

Preguntas sobre la lectura

1. ¿Dónde asistió Ricardo a la escuela secundaria?
2. ¿Por qué era una vida bilingüe?
3. ¿Quería ser médico Ricardo?
4. ¿De qué se cansó Ricardo?
5. ¿Qué estudió en la Universidad de Minnesota?
6. ¿Cuándo vuelve Ricardo a Puerto Rico?
7. ¿Qué no le gusta a él?
8. ¿Cuándo echa de menos a Puerto Rico?

La Universidad de Puerto Rico donde Ricardo enseñó inglés.

DIÁLOGO
El novio

AMPARO: Diana, ¿conoces a Paco Suárez?
DIANA: Creo que sí. ¿Es un muchacho bajo y gordo?
AMPARO: No, es alto y delgado.
DIANA: Entonces no lo conozco. ¿Es un amigo tuyo?
AMPARO: Sí, es mi novio. Es muy, muy, muy guapo.
DIANA: Amparo, tú nunca exageras, ¿verdad?

Preguntas

1. ¿Cómo es Paco Suárez?
2. ¿Conoce Diana a Paco?
3. ¿Es Paco el novio de Diana?
4. Según Amparo, ¿es feo Paco?
5. ¿Qué piensas? ¿Exagera Amparo?

¿Es Paco?

EJERCICIOS

I. **Fill in the space with an appropriate response in Spanish. Be sure that the whole conversation ties together and is meaningful.**

ALBERTO: Hoy voy a visitar a Elena.
BENJAMÍN: ¿Dónde vive ella?
ALBERTO: _____
BENJAMÍN: Mi amiga Carmen vive cerca de allí.
ALBERTO: _____
BENJAMÍN: Sí, puedo ir contigo. Después pasamos por la casa de Carmen.
ALBERTO: _____
BENJAMÍN: ¡Está bien! Vamos a las dos.
ALBERTO: _____
BENJAMÍN: ¡Claro que sí! Podemos usar mi coche.

II. **Define each of the following words in Spanish. Form at least one complete sentence describing each word.**

1. la escuela
2. el dinero
3. el jardinero
4. el futbol
5. el restaurante
6. el maestro
7. el negocio
8. el libro

III. **Form complete sentences using the present tense.**

1. /jugar / a las tres / tenis / ellos/
2. /hablar / español / preferir / tú/
3. /demasiado / Ud. / pedir / y ella/
4. /costar / eso / ¿Cuánto/
5. /conmigo / ir / Diana / mañana/

IV. **Match each word with a related word from the list on the right.**

1. el futbol   la estación
2. el invierno   el estudiante
3. la hermana   la televisión
4. la clase   el día
5. el martes   el partido
6. el negocio   el pariente
7. los anuncios   la compra

V. **Complete each sentence by supplying the correct form of the possessive adjective in Spanish.**

1. ¿Tiene Ud. (my) _____ libros?
2. ¿Las _____ (yours - formal form)? Aquí están las bolsas.
3. Trabajé con (his) _____ prima.
4. Sí, conocemos a (your - familiar form) _____ amigas.
5. ¿Vendieron Uds. (your) _____ coche?
6. Comías en el restaurante con (our) _____ estudiantes.
7. ¿Los discos _____ (mine)? Están allí.
8. Quieren ir a (her) _____ casa.

VI. **Change the following sentences to the preterite.**

1. El viene esta tarde.
2. Me duermo a las cinco.
3. Escribes en inglés muy bien.
4. Isabel hace todo con mucho éxito.
5. Comemos tacos y enchiladas.
6. Uds. hablan con los jugadores.
7. Pongo la mesa.
8. Marcos y Ramona asisten a la clase.

VII. **Reorder the sentences to form a logical paragraph.**

1. Pero Pito quería comprar unos regalos muy buenos.
2. En Chicago se quedó con unos amigos.
3. ¿No cree Ud. que Pito es muy generoso?
4. Pito visitó Chicago.
5. Los regalos costaron mucho.
6. Los amigos lo llevaron al centro.
7. Llegó en un autobús.
8. En el centro compró regalos para su familia.

VIII. **Can you give the Spanish for the following expressions?**

1. I don't know where it is.
2. I didn't have time.
3. Is it still that way?
4. It's so much fun!
5. Just a moment!
6. What a waste of time!

IX. **Decide whether or not each response makes sense. If not, give a response that does make sense.**

1. Perdimos el partido.

   Sí, cometimos demasiados errores.

2. ¿Saben tocar el piano?

Jugamos a los naipes todos los lunes.

_____

3. Aprendí mucho español.

No, no hacía viento.

_____

4. Compramos una casa en San Juan de Puerto Rico.

¡Qué bueno! Me gusta esa ciudad.

_____

5. ¿Conoces a María Luisa?

Sí, el edificio está allí.

_____

X. **Answer each question with the first person form of the verb and object pronouns.**

> _Example:_ ¿Nos diste el periódico?
>
> Sí, se lo di.

1. ¿Me das el televisor?
2. ¿Les mostraste las mesas a ellos?
3. ¿Le escribes la descripción?
4. ¿Nos vendes los programas?
5. ¿Me conseguiste el tocadiscos?

XI. **Choose the correct verb and fill in the appropriate form.**

1. Antes ellos siempre _____ (querer, trabajar, ir) comer en el restaurante Burger King.
2. Pasado mañana (yo) _____ (estudiar, ir, hacer) a Miami.
3. En 1957 tú _____ (traer, pedir, vivir) seis meses en Puerto Rico.
4. Ayer Uds. _____ (comer, ver, salir) el programa.
5. En esos días nosotros _____ (viajar, practicar, cuidar) a los hijos de mi hermana.
6. Mañana Ud. le _____ (mostrar, aprender, jugar) la casa a Jorge.
7. La semana pasada al mediodía me _____ (buscar, encontrar, leer) con Angela.
8. Ahora Carlos _____ (comprar, estar, pedir) de vacaciones.

grammar summary

Subject Pronouns

Singular		Plural	
yo	*I*	nosotros, -as	*we*
tú	*you*		
usted	*you*	ustedes	*you*
él	*he*	ellos	
ella	*she*	ellas	*they*
		vosotros, -as	*you*

Interrogative Words

qué	*what*	cuál, -es	*which (one)*
cómo	*how*	quién, -es	*who, whom*
dónde	*where*	por qué	*why*
cuándo	*when*		

cuánto, -a, -os, -as *how much, how many*

Definite and Indefinite Articles

	Masculine	Feminine
Definite	*el* libro	*la* casa
Indefinite	*un* libro	*una* casa

Plural of Nouns and Articles

		Masculine	Feminine
Definite	**Singular** **Plural**	el hermano *los* hermano*s*	la familia *las* familia*s*
Indefinite	**Singular** **Plural**	un jugador *unos* jugador*es*	una mujer *unas* mujer*es*

Noun/Adjective Agreement

Masculine
un descanso buen*o*

un niño español

Feminine
una patineta buen*a*

una niña español*a*

Pluralizing Adjectives

el hombre viejo   →   los hombres viejo*s*

la criada joven   →   las criadas jóven*es*

Demonstratives

	Demonstrative Adjectives			
	this	*these*	*that*	*those*
masculine	este	estos	ese	esos
feminine	esta	estas	esa	esas

Possessive Adjectives

Before a noun			After a noun
mi amigo	my friend		el amigo *mío*
tu amigo	your friend		el amigo *tuyo*
su amigo	his, her, your, their friend	}	el amigo *suyo*
nuestro amigo	our friend		el amigo *nuestro*
vuestro amigo	your friend		el amigo *vuestro*

Mi, tu, and *su* change for number (singular/plural) only.

SINGULAR	PLURAL
mi amigo	mis amigos
mi amiga	mis amigas

Nuestro, vuestro, mío, tuyo, and *suyo* change for both number and gender.

SINGULAR	PLURAL
nuestro amigo	nuestros amigos
nuestra amiga	nuestras amigas
el amigo suyo	los amigos suyos
la amiga suya	las amigas suyas

Affirmative and Negative Words

Affirmative		Negative	
algo	something	nada	{ nothing, not anything
todo	everything, all		
alguien	{ someone, anyone	nadie	{ no one, not anyone
todo el mundo, toda la gente	} everyone		
todos (-as)	all	ninguno,-a	{ no, none, not any, no one, not anyone, neither one
alguno(s), -a(s)	{ some, someone, any		
una vez	once	nunca	never, not ever
a veces, algunas veces	} sometimes		
siempre	always	tampoco	} neither, not either
también	also		

Simple Prepositions

a, al*	to; at (with time)	hasta	up to, until
con	with	para	for, in order to, to
contra	against	por	for, by, through, because
de, del*	from, of, about	según	according to
en	in, on, at (refers only to place)	sin	without
entre	between, among	sobre	on, about
hacia	toward(s)		

*al = to the; del = from the, of the

Compound Prepositions

The most common compound prepositions* are:

además de	*besides, in addition to*	después de	*after*
al lado de	*beside, at the side of*	detrás de	*behind*
antes de	*before*	en vez de	*instead of*
cerca de	*near*	encima de	*on top of*
debajo de	*under, underneath*	enfrente de	*facing, opposite,*
delante de	*in front of*		*in front of*
dentro de	*inside (of), within*	fuera de	*outside (of)*
		lejos de	*far from*

*Each of these compounds includes the preposition *de*.

Pronouns after a Preposition

a *mí*	to me
a *ti*	to you
a *usted*	to you
a *él*	to him
a *ella*	to her
a *nosotros*	to us
a *vosotros*	to you
a *ustedes*	to you
a *ellos*	to them
a *ellas*	to them

Direct Object Pronouns

me	*me*	nos	*us*
te	*you*		
lo	*you / him / it*	los	*you / them*
		os	*you*
la	*you / her / it*	las	*you / them*

Indirect Object Pronouns

me	*me*	nos	*us*
te	*you*		
le	*you, him, her, it*	les	*you, them*
		os	*you*

Combining Object Pronouns

Me lo da	(a mí).	*He gives it to me.*
Te lo da	(a ti).	*He gives it to you.*
Se lo da	(a usted, a ustedes). (a él, a ella). (a ellos, a ellas).	*He gives it to you. him, her. them.*
Nos lo da	(a nosotros).	*He gives it to us.*
Os lo da	(a vosotros).	*He gives it to you.*

Regular Present Tense

hablar - to speak		*comer* - to eat	*escribir* - to write
(yo)	hablo	como	escribo
(tú)	hablas	comes	escribes
(usted) (él, ella)	habla	come	escribe
(nosotros, -as)	hablamos	comemos	escribimos
(vosotros -as)	habláis	coméis	escribís
(ustedes) (ellos, ellas)	hablan	comen	escriben

Ir, "to go," and *seguir,* "to continue" or "to follow," are irregular *-ir* verbs.

	ir	seguir
(yo)	v*oy*	sigo
(tú)	v*as*	sigues
(usted) (él, ella) }	v*a*	sigue
(nosotros, -as)	v*amos*	seguimos
(vosotros, -as)	v*ais*	seguís
(ustedes) (ellos, ellas) }	v*an*	siguen

Ser versus *Estar*

Present tense of *ser,* to be / Present tense of *estar,* to be

(yo)	soy	I am	(yo)	estoy
(tú)	eres	you are	(tú)	estás
(usted) (él, ella) }	es	you are he, she, it is	(usted) (él, ella) }	está
(nosotros, -as)	somos	we are	(nosotros, -as)	estamos
(vosotros, -as)	sois	you are	(vosotros, -as)	estáis
(ustedes) (ellos, ellas) }	son	you are they are	(ustedes) (ellos, ellas) }	están

Estar is normally used: 1) when the sentence deals with *location* and 2) when the sentence refers to a *temporary state* or *condition* of a subject. In most other cases *ser* is used.

The Present Progressive Construction

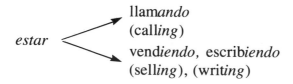

estar → llam*ando* (call*ing*)
→ vend*iendo,* escrib*iendo* (sell*ing*), (writ*ing*)

The Infinitive as a Verb Complement

In Spanish, some verbs may be followed directly by an infinitive. Some of the most common verbs of this type include:

deber   poder
desear   preferir
gustarse   querer
necesitar   saber

Example: *quiero comer*

Stem-changing Verbs: $e \rightarrow ie$

pensar - to think

(yo)	p*ie*nso
(tú)	p*ie*nsas
(usted) (él, ella)	p*ie*nsa
(nosotros, -as)	p*e*nsamos
(vosotros, -as)	p*e*nsáis
(ustedes) (ellos, ellas)	p*ie*nsan

Stem-changing Verbs: $o \rightarrow ue$

mostrar - to show

(yo)	m*ue*stro
(tú)	m*ue*stras
(usted) (él, ella)	m*ue*stra
(nosotros, -as)	m*o*stramos
(vosotros, -as)	mostr*á*is
(ustedes) (ellos, ellas)	m*ue*stran

Stem-changing Verbs: $e \rightarrow i$

repetir - to repeat

(yo)	rep*i*to
(tú)	rep*i*tes
(usted) (él, ella)	} rep*i*te
(nosotros, -as)	rep*e*timos
(vosotros, -as)	rep*e*tís
(ustedes) (ellos, ellas)	} rep*i*ten

present participle = rep*i*tiendo

Reflexive Verbs

A number of verbs are accompanied by reflexive pronouns.

Yo	*me*	lavo.	I wash myself.
Tú	*te*	vas.	You are leaving.
Usted Él Ella	*se*	levanta.	You (he, she) get(s) up.
Nosotros	*nos*	quedamos.	We are staying.
Vosotros	*os*	bañáis.	You are taking a bath.
Ustedes Ellos Ellas	*se*	despiertan.	You (they) wake up.

The Preterite

	hablar	comer	vivir
stem	**habl-**	**com-**	**viv-**
	-é	-í	
	-aste	-iste	
	-ó	-ió	
	-amos	-imos	
	-asteis	-isteis	
	-aron	-ieron	

Irregular Preterites

Tener, estar

yo	tuve	nosotros	tuvimos
tú	tuviste	vosotros	tuvisteis
Ud.		Uds.	
él	} tuvo	ellos	} tuvieron
ella		ellas	

Traer, decir

yo	traje	nosotros	trajimos
tú	trajiste	vosotros	trajisteis
Ud.		Uds.	
él	} trajo	ellos	} trajeron
ella		ellas	

Ir, ser

yo	fui	nosotros	fuimos
tú	fuiste	vosotros	fuisteis
Ud.		Uds.	
él	} fue	ellos	} fueron
ella		ellas	

Caer, creer, incluir, and *leer* are irregular in the third person singular and plural.

él cayó	ellos cayeron
él creyó	ellos creyeron
él incluyó	ellos incluyeron
él leyó	ellos leyeron

Buscar, explicar, and *tocar* are irregular in appearance in the first person.

yo busqué
yo expliqué
yo toqué

Llegar and *pagar* (to pay) are also spelled differently in the first person.

yo llegué
yo pagué

Poder, poner, and *saber* are not closely related but all have a root vowel which changes to a *u*.

yo	pude	nosotros	pudimos
tú	pudiste	vosotros	pudisteis
Ud.		Uds.	
él	pudo	ellos	pudieron
ella		ellas	
yo	puse	nosotros	pusimos
tú	pusiste	vosotros	pusisteis
Ud.		Uds.	
él	puso	ellos	pusieron
ella		ellas	
yo	supe	nosotros	supimos
tú	supiste	vosotros	supisteis
Ud.		Uds.	
él	supo	ellos	supieron
ella		ellas	

Querer, hacer, and *venir* are not closely related but all have a root vowel which changes to an *i*.

yo	quise	nosotros	quisimos
tú	quisiste	vosotros	quisisteis
Ud.		Uds.	
él	quiso	ellos	quisieron
ella		ellas	
yo	hice	nosotros	hicimos
tú	hiciste	vosotros	hicisteis
Ud.		Uds.	
él	hizo	ellos	hicieron
ella		ellas	
yo	vine	nosotros	vinimos
tú	viniste	vosotros	vinisteis
Ud.		Uds.	
él	vino	ellos	vinieron
ella		ellas	

Sentir, preferir, seguir, conseguir, vestirse
(e → i in third person singular and plural forms)

Priscila lo s*i*ntió.
Ellos lo s*i*ntieron.

Dormir, morir
(o → u in third person singular and plural forms)

El nino d*u*rmió.
Los hombres d*u*rmieron.

The Imperfect

	hablar	comer	vivir
stem	**habl-**	**com-**	**viv-**

hablar	comer / vivir
-aba	-ía
-abas	-ías
-aba	-ía
-ábamos	-íamos
-abais	-íais
-aban	-ían

Only the following verbs are irregular in the imperfect.

ser: era, eras, era, éramos, erais, eran
ir: iba, ibas, iba, íbamos, ibais, iban
ver: veía, veías, veía, veíamos, veíais, veían

The Imperfect versus the Preterite

If the action is viewed as a) completed in the past or b) as begun in the past, then the *preterite* is used. If the action is viewed as going on in the past, then the *imperfect* is used.

CANCIONES (Songs in Spanish*)
Las mañanitas

(Music)

1. Estas son las mañanitas
   Que cantaba el Rey David,
   A las muchachas bonitas
   Se las cantamos así.

   Coro:
   ¡Despierta, mi bien, despierta!
   ¡Mira que ya amaneció!
   Ya los pajaritos cantan,
   La luna ya se metió.

2. Si el sereno de la esquina
   Me quisiera hacer favor,
   De apagar su linternita
   Mientras que pasa mi amor.

   Coro:
   ¡Despierta, mi bien, despierta!
   ¡Mira que ya amaneció!
   Ya los pajaritos cantan,
   La luna ya se metió.

*These songs are found in the Tape Program accompanying *Ambientes hispánicos 1*.

La bamba

This is the famous *bamba* rhythm of the state of Veracruz, Mexico.

1. Para bailar la bamba,
   Para bailar la bamba se necesita
   Una poca de gracia,
   Una poca de gracia y otra cosita.

   Estribillo:
   Y arriba y arriba,
   Ahí arriba y arriba y arriba iré.
   Yo no soy marinero,
   Yo no soy marinero,
   Por ti seré,
   Por ti seré, por ti seré...
   Bam-ba, bamba, bam-ba, bamba,...
   Ay...

2. Una vez que te dije,
   Una vez que te dije,
   Que eras bonita.
   Se te puso la cara,
   Se te puso la cara coloradita.

   Estribillo:
   Y arriba y arriba,
   Ahí arriba y arriba y arriba iré.
   Yo no soy marinero,
   Yo no soy marinero,
   Por ti seré,
   Por ti seré, por ti seré...
   Bamba, bamba, bamba,...
   Ay...

3. ¿Y quieres que te traiga,
   Y quieres que te traiga de Puerto Rico,
   Una paloma blanca, una paloma blanca,
   Con su abanico?

Siquitibum

A college cheer

Uno, dos, tres—
Si-qui-ti-bum,
¡A-la-bim-bom-bá!
Si-qui-ti-bum,
¡A-la-bim-bom-bá!
A-la-bío, A-la-bao,
¡A-la-bim-bom-bá!
¡América! ¡América!
¡Ra! ¡Ra! ¡Ra!

Si-qui-ti-bum,
¡A-la-bim-bom-bá!
Si-qui-ti-bum,
¡A-la-bim-bom-bá!
A-la-bío, A-la-bao,
¡A-la-bim-bom-bá!
¡América! ¡América!
¡Ra! ¡Ra! ¡Ra!

La escala musical

DO la primera en la escala, DO,
REgocijada la sigue RE,
MImosa se les acerca MI,
FAtigada se presenta FA,
SOLemne surge a la vida SOL,
LA es la que siempre responde LA,
SI la que cierra la serie, SI.
SI, SI LA SOL FA MI RE DO.

Y ahora las notas salen a bailar
Un vals y una jota,
SI LA SOL FA MI RE DO.
Salid niñas bellas, salid al balcón,
Y alegres cantemos,
SI LA SOL FA MI RE DO.

Fray Felipe

¡Fray Felipe! ¡Fray Felipe!
¿Duermes tú? ¿Duermes tú?
Toca la campana, toca la campana,
¡Tan, tan, tan;
Tan, tan, tan!

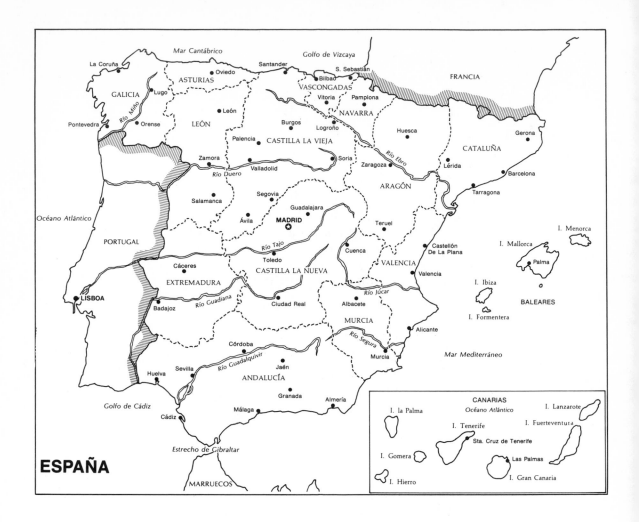

ESPAÑA

ESTADOS UNIDOS

Tijuana
Mexicali

BAJA CALIFORNIA

SONORA

Ciudad Juárez

Río Grande

CHIHUAHUA

Hermosillo

Chihuahua

COAHUILA

BAJA CALIFORNIA SUR

SINALOA

DURANGO

Golfo de California

Culiacán

Monterrey
Saltillo   NUEVO
            LEÓN

Matamoros

Golfo de México

La Paz

Océano Pacífico

Durango

ZACATECAS

Ciudad Victoria

TAMAULIPAS

Zacatecas
NAYARIT   Aguascalientes   SAN LUIS
Tepic   POTOSÍ

San Luis Potosí

YUCATÁN

Mérida

Golfo de Campeche

1. Tlaxcala
2. Morelos
3. México D.F.
4. México
5. Hidalgo
6. Querétaro
7. Guanajuato
8. Aguascalientes
9. Colima

León   7
8   6   5
Guanajuato
Querétaro   Pachuca
Guadalajara
JALISCO   4
Colima   Morelia   3   Tlaxcala
9   Toluca   Puebla
MICHOACÁN   1 Cuernavaca 2
                PUEBLA
GUERRERO
Chilpancingo

Campeche
CAMPECHE   QUINTANA ROO

VERACRUZ
Jalapa Enríquez
Vera Cruz Llave
TABASCO   Chetumal
Villahermosa

BELICE

Oaxaca   Gutiérrez
                CHIAPAS
Acapulco   OAXACA   GUATEMALA

Golfo de Tehuantepec

MÉXICO

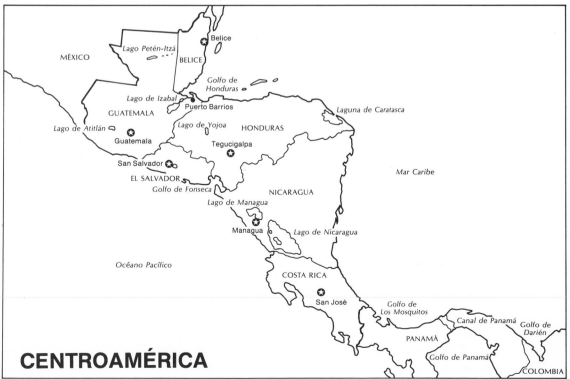

MÉXICO

Lago Petén-Itzá   Belice

BELICE

Golfo de
Honduras

Lago de Izabal
Puerto Barrios

GUATEMALA   Laguna de Caratasca

Lago de Atitlán   Lago de Yojoa   HONDURAS

Guatemala

Tegucigalpa

San Salvador   Mar Caribe

EL SALVADOR

Golfo de Fonseca

NICARAGUA

Lago de Managua

Managua   Lago de Nicaragua

Océano Pacífico

COSTA RICA

San José

Golfo de
Los Mosquitos

Canal de Panamá   Golfo de
                    Darién
PANAMÁ

Golfo de Panamá   COLOMBIA

CENTROAMÉRICA

LAS AMÉRICAS*

América del Norte o Norteamérica

País	Capital
1. Canadá	Ottawa
2. Estados Unidos	Washington
3. México	México

América Central o Centroamérica

4. Guatemala	Guatemala
5. Honduras	Tegucigalpa
6. El Salvador	San Salvador
7. Nicaragua	Managua
8. Costa Rica	San José
9. Panamá	Panamá

(hay discusión respecto a su situación geográfica)

El Caribe o América Insular

10. Cuba	La Habana
11. República Dominicana	Santo Domingo
12. Haití	Puerto Príncipe
13. Jamaica	Kingston
14. Barbados	Bridgetown
15. Trinidad y Tabago	Puerto de España

América del Sur o Sudamérica

16. Venezuela	Caracas
17. Guyana	Georgetown
18. Colombia	Bogotá
19. Ecuador	Quito
20. Perú	Lima
21. Bolivia	La Paz
22. Brasil	Brasilia
23. Paraguay	Asunción
24. Uruguay	Montevideo
25. Argentina	Buenos Aires
26. Chile	Santiago

*Considered to be a single continent in the Spanish-speaking world.

EL ALFABETO

a	a	n	ene
b	be	ñ	eñe
c	ce	o	o
ch	che	p	pe
d	de	q	cu
e	e	r	ere
f	efe	rr	erre
g	ge	s	ese
h	hache	t	te
i	i	u	u
j	jota	v	ve
k	ka	w	doble ve, (doble u)
l	ele	x	equis
ll	elle	y	i griega, (ye)
m	eme	z	zeta

All letters of the Spanish alphabet are feminine: *la a, la b,* etc.

Both *be* and *ve* are pronounced the same way. To distinguish between the two, *b* is often referred to as *"be de burro"* (donkey) and *v* as *"ve de vaca"* (cow.)

Many Spanish speakers refer to *b* as *"be grande"* or *"be larga"* and *v* as *"ve chica"* or *"ve corta"*.

vocabulary

A

a (placed in front of direct object that refers to people) *1*

a at *2;* to *3;* by *5*

a menudo often *2*

a mano by hand *5*

abril April *4*

la **abuela** grandmother *2*

el **abuelo** grandfather *2*

los **abuelos** grandparents *2*

aburrido, -a boring *1*

aburrirse to become bored *7*

aceptar to accept *10*

la **acera** sidewalk *8*

acompañar to accompany *10*

aconsejar to advise *6*

acostumbrarse to become accustomed *5*

la **actividad** activity *5*

acuático, -a aquatic *7*

el **acuerdo** agreement *3*

   Estoy de acuerdo. I agree. *3*

adelante ahead *6*

   más adelante farther along *6*

además besides *4*

   además de besides *4;* in addition to *8*

adentro inside *6*

adiós goodbye *1*

la **adivinanza** prediction *10*

hace adivinanzas tells fortunes *10*

admirar to admire *3*

la **aduana** customs *7*

aéreo, -a air *8*

el **aficionado** (sports) fan *2*

afortunadamente fortunately *6*

las **afueras** suburbs *4*

la **agencia** agency *8*

   la agencia de viajes travel agency *8*

agosto August *4*

agradecido, -a grateful *2*

agradezco I am grateful *2*

   (form of **agradecer**)

agrícola agricultural *3*

el **agua** water *5*

ahora now *1*

   ahora mismo right now *7*

al to the *1;* at the *3;* upon *8*

al (principio) in the (beginning) *5*

la **alberca** swimming pool *4*

alegre happy *3*

el **alemán** German *7*

algo something *3;* somewhat *9*

alguien someone *4*

algunos, -as some *3*

   algunas veces sometimes *4*

el **almacén** store *4*

cada each 2

la **cadena** chain 2

caer to fall 5

caerse to fall down 3

el **café** coffee 2

la **caja** box 9

la **calidad** quality 7

caliente hot, warm 9

el **calor** heat 10

la **calle** street 9

la **cama** bed 3

la **camarera** waitress 2

el **camarero** waiter 5

cambiar to exchange 7

el **cambio** change 10

caminar to walk 3

la **camisa** shirt 5

el **campamentista** camper 7

el **campamento** camp 7

el **campeón** champion 3

el **campeonato** championship 7

el **campesino** farmer 3

el **campo** countryside 3

la **canción** song 7

cansado, -a tired 2

cansarse to become tired 5

el **cantante** singer 7

cantar to sing 7

la **capital** capital 1

el **capitalismo** capitalism 8

el **capitalista** capitalist 8

el **capitán** captain 2

el **Caribe** Caribbean 7

el **carnaval** carnival 10

el **carnicero** butcher 5

el **carpintero** carpenter 5

la **carta** letter 9

el **cartel** billboard 4

la **casa** home, house 1

casi almost 4

el **caso** case 6

Castilla Castile 3

el **castillo** castle 3

la **catedral** cathedral 3

católico, -a Catholic 6

catorce fourteen 2

la **causa** cause 7

   a causa de because of 7

la **celebración** celebration 10

celebrar to celebrate 6

el **centro** center 4; downtown 6

cerca close by 6

   cerca de(l) near (the) 3

el **cerdo** pig 5

el **cereal** cereal 4

la **ceremonia** ceremony 9

cerrar to close 4

el **césped** lawn 5

la **cesta** basket 4

el **ciclismo** bicycle racing 3

el **ciclista** bicycle rider 3

cien hundred 6

la **ciencia** science 10

cierto certain 3

cinco five 1

cincuenta fifty 5

el **cine** movie theater 8

la **ciudad** city 3

claro of course 3

   ¡Claro que sí! Of course! 3

la **clase** class 7

clásico, -a classical 7

clave key 6

el **cliente** client 4

cobrar to charge 6

cocido, -a cooked 4

la **cocina** cooking, cuisine 2; kitchen 3

cocinar to cook 4

el **cocinero** cook 7

el **coctel** cocktail 2

el **coche** car, automobile 8

coger to catch 3

el **colegio** school (usually private) 9

colombiano Colombian 9

Colón Columbus 10

el **color** color 5

el **colorido** colorfulness 5

combinado, -a combined 2

   plato combinado several courses of a meal on one plate 2

el **comedor** dining room 7

el **comentario** commentary 10

comenzar to begin 2

comer to eat 2

comercial commercial 4

el **comestible** foodstuff 4

cometer to commit 10

la **comida** food 2

el **dependiente** clerk *7*

el **deporte** sport *4*

deportivo, -a sports *10*

el **desastre** disaster *3*

el **desayuno** breakfast *3*

descansar to rest *1*

el **descanso** rest *9*

describir to describe *4*

la **descripción** description *7*

el **descubrimiento** discovery *10*

el **descuento** discount *4*

desde since *2*

  desde luego of course *2*

deseado, -a desired *5*

desear to wish *4*

el **desfile** parade *10*

despedir to fire *6*

despedirse to say goodbye *6*

después afterwards *3*

después de(l) after (the) *1*

detallado, -a detailed *6*

el **detective** detective *7*

detrás de behind *8*

¿De veras? Really? *6*

devolver to return, to give back *5*

el **día** day *1*

dices you say *6*
  (form of **decir**)

diciembre December *4*

diecinueve nineteen *2*

dieciocho eighteen *2*

dieciséis sixteen *2*

diecisiete seventeen *2*

diez ten *1*

diferente different *4*

difícil difficult *1*; hard *3*

dificilísimo, -a very difficult *9*

¡Dígame! Hello (on telephone). *1*
  (literally: tell me)

el **dinero** money *5*

el **disco** record *7*

disculpar to excuse *8*

discutir to discuss *5*

disfrutar to enjoy *3*

dispuesto, -a ready *5*

la **distancia** distance *6*

divertido, -a enjoyable, amusing *10*

divertirse to enjoy oneself *10*

dividido (por) divided (by) *2*

doblarse to bend over *5*

doce twelve *2*

la **docena** dozen *3*

el **documento** document *7*

el **dólar** dollar *7*

el **dolor** pain *6*

  el **dolor de cabeza** headache *6*

domingo Sunday *4*

don (title of respect) *6*

dónde where *1*

dormirse to fall asleep *7*

dos two *1*

doscientos two hundred *6*

el **drama** play *7*

la **duda** doubt *10*

la **dueña** (female) owner *6*

el **dueño** owner *6*

dulce sweet *10*

el **dulce** (piece of) candy *6*

durante during *3*

duro, -a hard *9*

E

echar to throw out *3*

  echar una siesta to take a nap *3*

la **edad** age *9*

el **edificio** building *6*

la **educación** education *9*

eficaz efficient *7*

el **ejemplo** example *4*

  por ejemplo for example *4*

el **ejercicio** exercise *2*

el the *2*

él he *1*

ella she *1*

ellos, -as they *1*

la **embajada** embassy *8*

empaquetar to package *5*

empezar to begin *4*

el **empleado** employee *9*

el **empleo** job, work *9*

en at *1*; in *2*; on *3*

en seguida at once *5*

encantado, -a enchanted *9*

encima de on top of *8*

encontrar to find *5*

encontrarse to encounter, meet *8*

encuentra (form of **encontrar**), finds *5*

enero January *4*
enfermarse to become ill *5*
la **enfermera** nurse *6*
enfermo, -a sick *1*
el **enfermo** sick person *6*
enfrente de facing, opposite *8*
enorme enormous *4*
la **ensalada** salad *2*
enseñar to teach *3*
entonces then *3*
la **entrada** entrance *6*
entrar to enter *3*
entre among, between *6*
entusiasmarse to become enthusiastic *7*
el **entusiasmo** enthusiasm *2*
entusiástico, -a enthusiastic *10*
el **equipaje** luggage *7*
el **equipo** team *2*
eres you are *2*
  (form of **ser**)
el **error** mistake *10*
es he (she, it) is *1* (form of **ser**)
esa that *4*
la **escoba** broom *3*
escoger to select, choose *2*
escribir to write *2*
escribir a máquina to type *9*
escrito, -a written *7*
escuchar to listen *6*
ese, -a that *4*
el **esfuerzo** effort *6*
eso that *4*
esos, -as those *4*
España Spain *3*
el **español** Spaniard *3*
español, -a Spanish *3*
especial special *7*
el **especialista** specialist *9*
especialmente especially *2*
el **espectador** spectator *3*
esperar to wait *8*
la **esponja** sponge *10*
la **esposa** wife *2*
el **esposo** husband *2*
esta this *1*
la **estación** season *4*
el **estadio** stadium *10*
el **estado** state *9*

los **Estados Unidos** United States *4*
estar to be *1*
  Está bien. Okay.
la **estatua** statue *8*
este, -a this *1; 4*
el **estilo** style *6*
esto this *4*
estos, -as these *3*
estoy I am *1* (form of **estar**)
el **estudiante** student *3*
estudiantil student *10*
estudiar to study *1*
evidente evident *4*
exacto, -a exact *5*
exagerar to exaggerate *5*
el **examen** examination *1*
examinar to examine *6*
excelente excellent *2*
la **excepción** exception *5*
el **exceso** excess *4*
exigente demanding *9*
existir to exist *7*
el **éxito** success *7*
exótico, -a exotic *9*
la **experiencia** experience *7*
el **experto** expert *3*
explicar to explain *6*
el **extranjero** foreigner *3*
extranjero, -a foreign *4*

F

fácil easy *2*
fácilmente easily *5*
la **facultad** school, college (within the
  university) *6*
  la **facultad de humanidades** school of
    humanities *6*
la **falta (de)** lack (of) *9*
la **familia** family *2*
famoso, -a famous *2*
la **farmacia** pharmacy *6*
fascinado, -a fascinated *3*
favorito, -a favorite *3*
la **fe** faith *6*
febrero February *4*
la **fecha** date *6*
feo, -a ugly *3*
la **fiesta** party *7*

el **día de fiesta** holiday *7*
el **filósofo** philosopher *9*
el **fin** end *5*
    el **fin de semana** weekend *9*
    finalmente finally *3*
    físico, -a physical *6*
    flaco, -a skinny *3*
el **flan** caramel custard *2*
la **flor** flower *3*
    folklórico, -a folkloric *7*
    formal formal *9*
    formar to form *7*
la **foto(grafía)** photography, photograph *6*
el **fotógrafo** photographer *9*
el **francés** French *7*
    fresco cool *10*
    frío cold *10*
la **fruta** fruit *2*
la **fuente** fountain *2*
    fuera de outside (of) *8*
    fuerte heartily *2*; strong *4*
    funcionar to function *5*
el **futbol** soccer *1*

G

    ganar to win *2*; to earn *5*
la **gaseosa** soft drink *2*
    general general *6*
        por lo general generally *6*
    generoso, -a generous *2*
la **gente** people
    gigante giant *8*
el **gobierno** government *6*
el **gol** goal *2*
    golpear to hit *5*
    gordo, -a fat *3*
    gozar to enjoy *5*
las **gracias** thanks
    gracias thank you *1*
    gran great *4*
    grande big *3*
    grave serious *6*
    gris grey *5*
el **grupo** group *2*
    guapo, -a handsome *3*
    guardar to put away *5*
    guatemalteco Guatemalan *9*
la **guitarra** guitar *7*
el **guitarrista** guitar player *7*

gustarse to like, enjoy *2*
    me gusta I like *2*
el **gusto** pleasure *3*
    El gusto es mío. The pleasure is mine. *9*
    Mucho gusto. It's a great pleasure. *9*
    Tanto gusto. It's such a pleasure. *9*

H

    haber (there) be *1*
el **habla** speech *4*
    de habla inglesa English speaking *4*
    hablar to speak *1*
    hace ago *9*
        hace (quince) años (fifteen) years ago *9*
    hacer to make, to do *2*
    hacia toward(s) *6*
    hago I do *3* (form of **hacer**)
    hallarse to be found *5*
el **hambre** hunger *2*
    tener hambre to be hungry *6*
la **hamburguesa** hamburger *2*
    hasta until *1*
    hay there is, there are (form of **haber**) *1*
        ¿Qué hay de nuevo? What's new?
    hay que it's necessary *5*
    hecho, -a made *6*
el **helado** ice cream *2*
la **hermana** sister *2*
el **hermano** brother *2*
los **hermanos** brothers and sisters *2*
la **hermosura** beauty *3*
la **hierba** grass *5*
    la mala hierba weeds *5*
los **hijos** children (offspring) *2*
    hispánico, -a Hispanic *7*
    Hispanoamérica Spanish America *7*
la **historia** history *1*; story *7*
el **hogar** home *5*
la **hoja** leaf *5*
    hola hello *1*
el **hombre** man *2*
el **honor** honor *6*
la **hora** time, hour *3*
el **horno** oven *9*
el **hospital** hospital *5*
    hoy today *2*
la **humanidad** humanity *6*
    humilde humble *10*

I

la **iglesia** church *6*
la **imagen** image *10*
la **imitación** imitation *4*
la **imperfección** imperfection *4*
el **imperialismo** imperialism *8*
el **imperialista** imperialist *8*
impersonal impersonal *9*
la **importancia** importance *4*
importante important *2*
imposible impossible *4*
impresionante impressive *3*
incluir to include *6*
   incluye (form of **incluir**) includes *6*
indígena Indian, native *3*
el **indio** Indian *5*
la **influencia** influence *4*
la **información** information *4*
informar to inform *4*
el **informe** report *10*
el **ingeniero** engineer *9*
el **inglés** English language *4*
inglés, -a English *4*
insistir (en) to insist *7*
el **instrumento** instrument *7*
inteligente intelligent *3*
el **interés** interest *10*
interesante interesting *2*
interesarse to become interested *7*
internacional international *7*
el **invierno** winter *4*
la **invitación** invitation *10*
el **invitado** guest *10*
ir to go *1*

J

jamás never *9*
el **jardín** garden *3*
el **jardinero** gardener *5*
el **jitomate** red tomato *4*
joven young *3*
el **joven** young person *7*
el **juego** game *10*
jueves Thursday *4*
la **jugada** play (in sports) *4*
el **jugador** player *2*
jugar to play *4*
el **jugo** juice *3*

julio July *4*
junio June *4*
juntos, -as together *3*

K

el **kilo(gramo)** kilo(gram) *5*
el **kiosco** kiosk *8*

L

la the *1*
la you, her, it *7*
el **laboratorio** laboratory *9*
el **lado** side *6*
   al lado de next to *6*; beside, at the side of *8*
las the *2*
las you, them *7*
la **lástima** shame, pity *1*
   ¡Qué lástima! What a shame!
latinoamericano, -a Latin American *6*
lavar to wash *3*
le her *4*; him, it *5*; you *8*
la **lectura** reading *5*
la **leche** milk *2*
la **lechuga** lettuce *4*
leer to read *2*
la **legumbre** vegetable *5*
lejos far away *6*
lejos de far from *8*
el **lema** slogan *10*
la **lengua** language *9*
lentamente slowly *3*
les you, them *8*
el **letrero** sign *4*
levantarse to get up *6*
la **librería** book store *6*
el **libro** book *1*
el **limpiabotas** shoe shiner *6*
limpiar to clean *3*
la **limpieza** cleaning *5*
la **línea** line *8*
   la línea aérea airline *8*
listo ready *3*
lo it *2*; you, him *7*
los the *2*
los you, them *7*
luego later *1*; then *2*
   Hasta luego. See you later. *1*
el **lugar** place *3*

el lunes Monday *1*
luterano Lutheran *9*

LL

la **llamada** (telephone) call *1*
llamar to call *1*
llamarse to be called *1*
  me llamo my name is *1*
la **llanta** tire *10*
llegar to arrive *6*
llevar to carry *5*; to wear *7*
llover to rain *10*

M

la **madera** wood *5*
la **madre** mother *2*
maduro, -a mature *4*
la **maestra** (female) teacher *9*
los **maestros** teachers *9*
magnífico, -a magnificent *6*
el **maíz** corn *4*
mal bad (health) *1*; bad (weather) *10*
malo, -a bad *3*
la **mamá** mother *2*
la **manifestación** demonstration *10*
la **mano** hand *2*
mañana tomorrow *1*
la **mañana** morning *3*
el **mapa** map *7*
la **máquina** machine *5*
maravilloso, -a marvelous *7*
marcharse to leave *7*
el **marido** husband *2*
el **martes** Tuesday *1*
el **martillo** hammer *5*
marzo March *4*
más more, plus *1*; more, most *4*
las **masas** masses *10*
la **material** material *4*
maya Mayan *9*
mayo May *4*
mayor greater *5*
la **mayoría** majority *9*
me me, myself *1*
la **media** half past *3*
la **medianoche** midnight *3*
la **medicina** medicine *6*
el **médico** doctor *4*

el **medio** means *9*
  los **medios de comunicación** means of communication *9*
el **mediodía** noon *3*
mejor better *3*
mejorarse to improve *6*
el **melón** melon *4*
menor younger, youngest *7*
menos minus, (less) *1*
el **menú** menu *2*
el **mercado** market *4*
merecer to be deserving *6*
  merecer la pena to be worth the effort *6*
la **merienda** snack *5*
el **mes** month *7*
la **mesa** table *3*
el **metal** metal *5*
el **método** method *3*
mi my *4*
mí (after preposition) me *1*
la **miel** honey *5*
el **miembro** member *2*
mientras while *2*
  mientras tanto meanwhile *8*
el **miércoles** Wednesday *4*
mil thousand *2*
millón million *2*
mil millones billion *6*
el **minuto** minute *2*
mío, -a my *6*
¡Mírame! Look at me! *4*
mirar to look *4*
mismo same *7*
  lo mismo the same thing *7*
la **mitad** half *10*
mixteca Mixtec *5*
moderno, -a modern *7*
mexicano, -a Mexican *2*
mexicano Mexican *9*
el **modismo** idiom *9*
el **modo** way *4*
  de todos modos in any case *4*
el **momento** moment *10*
  ¡Un momento! Just a moment! *10*
la **montaña** mountain *3*
el **monumento** monument *6*
morir(se) to die *5*
el **mosaico** mosaic *6*

mostrar to show *5*
mover to move *5*
la **muchacha** girl *1*
el **muchacho** boy *7*
muchísimo, -a very much *6*
mucho, -a very much, a lot *2*
Mucho gusto. It's a great pleasure. *9*
muchos, -as many *4*
mudarse to move *9*
el **mueble** (piece of) furniture *5*
los **muebles** furniture *5*
el **muelle** dock *3*
la **mujer** woman, wife *2*
multiplicado por multiplied by *2*
el **mundo** world *4*
el **mural** mural *10*
el **muralismo** muralism *10*
la **muralla** wall *8*
el **museo** museum *10*
la **música** music *3*
el **músico** musician *3*
muy very *1*

N

nacional national *8*
nada nothing *4*
nadar to swim *7*
nadie no one *4*
el **naipe** (playing) card *10*
la **naranja** orange *3*
la **natación** swimming *7*
natural natural *4*
la **naturaleza** nature *5*
necesario, -a necessary *4*
necesitar to need *5*
el **negociante** businessman *4*
el **negocio** business *4*
nevar to snow *10*
la **nieta** granddaughter *2*
el **nieto** grandson *2*
ninguno, -a no one, not any *4*
los **niños** young children *2*
no no *1*
la **noche** night *3*
el **nombre** name *4*
normalmente normally *3*
el **norte** north *3*
norteamericano, -a American *2*

nos us *7*
nosotros, -as we *1*
notar to notice *8*
novecientos nine hundred *6*
noveno ninth *6*
noventa ninety *5*
noventa y uno ninety one *5*
noviembre November *4*
el **novio** (steady) boyfriend *8*
nuestro, -a our *6*
nueve nine *1*
nuevo, -a new *7*
de nuevo again *7*
el **número** number *1*
nunca never *4*

O

o or *7*
el **objeto** object *7*
la **obra** work *6*
obtener to obtain *5*
obvio, -a obvious *10*
la **ocasión** occasion *8*
el **océano** ocean *3*
octavo eighth *6*
octubre October *4*
ochenta eighty *5*
ocho eight *1*
ochocientos eight hundred *6*
la **oficina** office *6*
ofrecer to offer *4*
oír to hear *7*
olímpico, -a olympic *10*
olvidarse to forget *7*
once eleven *2*
la **opresión** oppression *10*
el **optimista** optimist *8*
la **oración** sentence *4*
la **orden** order *9*
a sus órdenes at your service *9*
el **orgullo** pride *5*
el **oro** gold *6*
os you *7*
el **otoño** autumn *4*
otro, -a another *3*
otros, -as other, others *2*

P

la **paciencia** patience *9*
el **paciente** patient *6*
pacífico, -a peaceful *10*
el **padre** father *2*
los **padres** parents *2*
la **paella** a rice dish which includes seafood *3*
pagar to pay *8*
el **país** country *7*
la **paja** straw *5*
el **palacio** palace *3*
la **palma** palm tree *8*
los **pantalones** pants *5*
el **papá** father *2*
los **papás** parents *2*
el **paquete** package *6*
para for, in order to *2*
   para servirle at your service *9*
parecerse to seem like *4*
la **pared** wall *6*
el **pariente** relative *2*
el **parque** park *6*
la **parte** part *4*
participar to participate *7*
particular private *8*
el **partido** game *1*
pasado, -a past *7*
pasar to spend (time) *5*; to pass *6*
pasar por to stop by *1;* to pass through *3*
lo (pasar) lo más bien to enjoy oneself very much *10*
la **pastilla** pill, tablet *6*
la **patineta** skateboard *3*
el **payaso** clown *3*
el **pedido** order *2*
pedir to ask for *4*
pegar to hit *10*
el **peligro** danger *9*
peligroso, -a dangerous *9*
pensar to think *4*
pentecostés Pentecostal *9*
la **peña** coffee house, club *7*
pequeño, -a small *3*
perder to lose *2*
perderse to get lost *6*
la **pérdida** waste, loss *7*
perdido, -a lost *7*
perdonar to pardon *8*

el **peregrino** pilgrim *3*
perfecto, -a perfect *4*
el **periódico** newspaper *7*
el **permiso** permission *8*
   con su permiso with your permission *8*
pero but *2*
la **persona** person *4*
personal personal *9*
pertenecer to belong *6*
el **perro** dog *9*
pesar to weigh *5*
el **pescado** fish *3*
el **pescador** fisherman *3*
el **peso** peso *7*
el **piano** piano *7*
picante spicy *5*
pide asks for *4* (form of **pedir**)
el **pie** foot *2*
piensan you (plural), they think *4* (form of **pensar**)
el **pintor** painter *6*
la **pintura** painting *6*
la **piña** pineapple *4*
el **piso** floor *3*
la **pizza** pizza *4*
planchar to iron *3*
la **planta** plant *5*
el **plástico** plastic *8*
el **plátano** banana *4*
el **plato** dish *2*; plate *3*
la **playa** beach *7*
la **plaza** plaza *4*
pobre poor *9*
poco little *3*
   poco a poco little by little *3*
poco, -a few *10*
poder to be able *5*
la **política** politics *10*
político, -a political *10*
poner to put *2*
   poner (la mesa) to set (the table) *3*
popular popular *2*
por by *1*; through, in *3*; because *5*; along, for *8*
   por supuesto of course *3*
porque because *4*
por qué why *1*
por lo menos at least *4*
el **portero** goalie *2*

268

por todas partes everywhere *4*

el **postre** dessert *2*

la **práctica** practice *8*

practicar to practice *2*

el **precio** price *4*

precioso, -a precious, beautiful *3*

preferir to prefer *4*

la **pregunta** question *2*

preguntar to ask *4*

preparar to prepare *3*

prepararse to prepare oneself *7*

presentar to introduce *9*

la **prima** cousin (female) *2*

la **primavera** spring (season) *4*

primero first *2*

primero, -a first *8*

el **primo** cousin (male) *2*

principal principal *2*

el **principio** beginning *3*

el **problema** problem *3*

probablemente probably *8*

el **proceso** process *4*

el **producto** product *4*

el **profesional** professional *9*

el **programa** program *7*

pronto soon *1*

    Hasta pronto. See you soon. *1*

la **pronunciación** pronunciation *9*

la **propaganda** advertising *4*

la **propina** tip *2*

propio, -a own *5*

la **protesta** protest *7*

próximo, -a next *7*

el **proyecto** project *7*

el **público** public *4*

el **pueblo** town *3*; village *9*

puede he, (she, it) can *5*

    (form of **poder**)

puertorriqueño, -a Puerto Rican *7*

pues well *4*

el **punto** point *3*

    en punto on the dot, sharp (time) *3*

pura pure *2*

Q

que than *3*; that *4*

qué what *1*

    ¿Qué tal? How's it going? *1*

quedar to remain *3*

quedarse to remain *7*

quejarse to complain *7*

querer to want *2*

quién who *1*

quieren (they) want *2* (form of **querer**)

quiero I want *4* (form of **querer**)

quince fifteen *2*

quinientos five hundred *6*

quinto fifth *6*

quisiera I would like *9* (form of **querer**)

quitar to take away *4*

quizás perhaps *9*

R

rápidamente rapidly *2*

el **rascacielos** skyscraper *6*

la **raza** race, ethnic group *10*

el **rebote** rebound *4*

la **receta** perscription *6*

recibir to receive *2*

recoger to pick up *5*

    recojo I pick up *5*

reconocer to recognize *8*

recordar to remember *5*

la **red** net *3*

redondo, -a round *2*

la **reforma** reform *10*

el **regalo** gift *7*

regatear to bargain *5*

regular okay *1*

regularmente regularly *4*

religioso, -a religious *10*

reparar to repair *3*

repasar to review *2*

repetir to repeat *6*

representar to represent *5*

residencial residential *5*

el **restaurante** restaurant *2*

revisar to inspect *4*

la **revista** magazine *4*

rico, -a good, rich *2*

la **riqueza** wealth *4*

rítmico, -a rhythmic *7*

rojo, -a red *4*

el **rollo** roll *10*

la **ropa** clothes *3*

la **rueda** wheel *5*

el **ruido** noise *10*

rutinario, -a routine *10*

S

sábado Saturday *4*

saber to know *5*

el **sabor** flavor *5*

sacar to take (photos) *6*

el **sacerdote** priest *6*

salir to go out *2*; to leave *3*

la **sandía** watermelon *4*

el **santo** saint *10*

la **sastrería** tailor shop *4*

se one, oneself, herself, etc. *3*

la **secretaria** secretary *6*

el **secretario** (male) secretary *9*

el **sector** sector *5*

secundario, -a secondary *9*

seguido, -a continuous *7*

seguir to continue, to follow *6*

según according to *5*

segundo second *6*

seis six *1*

seiscientos six hundred *6*

la **selección** selection *2*

la **semana** week *3*

semanal weekly *5*

sentarse to sit down *8*

el **sentido** sense, meaning *10*

sentir to feel sorry *4*

siento I'm sorry *4*

sentirse to feel *1*

me siento I feel *1*

el **señor** man, gentleman *8*

la **señora** wife, lady *5*

los **señores** husband and wife *3*

se(p)tiembre September *4*

séptimo seventh *6*

ser to be *2*

la **serie** series *8*

serio, -a serious *6*

en serio seriously *6*

el **servicio** service *4*

servir to serve *6*

sesenta sixty *5*

setecientos seven hundred *6*

setenta seventy *5*

sexto sixth *6*

si if *3*

sí yes *1*

siempre always *1*

la **siesta** nap, rest *3*

siete seven *1*

significar to signify, mean *5*

sigue (form of **seguir**) continues *6*

la **silla** chair *5*

el **símbolo** symbol *6*

simpático, -a nice *1*

sin without *4*

sin embargo nevertheless *5*

sino but *10*

sobre on *5*

sobre todo above all *7*

social social *7*

el **socialismo** socialism *8*

el **socialista** socialist *8*

sois you (plural) are *2* (form of **ser**)

el **sol** sun *4*

solamente only *6*

somos we are *2* (form of **ser**)

son equals (in arithmetic) *1*

son you (plural) are, they are *2* (form of **ser**)

soñar to dream *5*

el **sonido** sound *9*

la **sopa** soup *2*

sorprender to surprise *7*

sorprenderse to be surprised *8*

la **sorpresa** surprise *10*

soy I am (form of **ser**) *2*

su his, her, its, your, their *5*

la **suegra** mother-in-law *2*

el **suegro** father-in-law *2*

el **suelo** ground *5*

la **suerte** luck *2*

suficiente sufficient *5*

supervisar to supervise *9*

suyo, -a his, her, your, their *6*

T

la **táctica** tactic *2*

el **talento** talent *3*

el **tamaño** size *8*

también also *1*; too *3*

el **tambor** drum *7*

tampoco neither *4*

tan so *1*
tanto so much *3*
tantos, -as so many *3*
Tanto gusto. It's such a pleasure. *9*
tardar to take (time) *5*
la **tarde** afternoon *1*
tarde late *6*
  más tarde later *6*
la **tarjeta** card *4*
te you *1*
el **teatro** theater *6*
la **televisión** television *7*
el **televisor** T.V. set *7*
el **tema** topic, theme *7*
¡Ten cuidado! Be careful! *3*
la **tendencia** tendency *5*
tener to have *1;* (to be) *2*
  tener hambre to be hungry *2*
tengo I have *2* (form of **tener**)
el **tenis** tennis *5*
tercero third *6*
terminar to finish *10*
terriblemente terribly *10*
ti you *6*
la **tía** aunt *2*
el **tiempo** weather, time *10*
la **tienda** store *7*
tienes you have *2* (form of **tener**)
el **tío** uncle *2*
típico, -a typical *2*
el **tipo** type *4*
tirar to throw *8*
el **títere** puppet *7*
el **tocadiscos** record player *7*
tocar to play (musical instrument) *7;* to touch *8*
tocarse to be one's turn *3*
toda la gente everyone *4*
todavía still *3*
todo everything *2*
todo, -a all *3*
todo el mundo everyone *4*
todos everyone *4*
tomar to drink, to take *3*
el **tomate** tomato *4*
tonto, -a dumb *3*
la **tortilla** tortilla (Mexican) *3*
la **tortilla a la española** Spanish omelet *10*

la **torre** tower *6*
el **trabajador** worker *8*
trabajar to work *2*
el **trabajo** job, task *3;* work *5*
el **tractor** tractor *3*
tradicionalmente traditionally *5*
traer to bring *2*
el **traje** outfit (suit, etc.) *7*
tratar de to try *6*
trece thirteen *2*
treinta thirty *5*
tres three *1*
trescientos three hundred *6*
triste sad *3*
tropical tropical *8*
el **trópico** tropics *4*
tú you (familiar) *1*
tu your (familiar) *6*
el **turista** tourist *6*
tuyo, -a your (familiar) *6*

U

último, -a last *7*
un, -a a, an *1; 2*
la **universidad** university, college *6*
universitario, -a university *10*
uno one *1*
unos, -as some *2*
usar to use *2*
usted (Ud.) you *1*
ustedes (Uds.) you (plural) *1*
usualmente usually *4*
útil useful *4*

V

va he, (she, it) is going *1* (form of **ir**)
las **vacaciones** vacation(s) *6*
¡Vale! Agreed! *3*
valer la pena to be worth the effort *2*
el **valle** valley *4*
vamos a we're going to *3* (form of **ir** + **a**)
la **variedad** variety *4*
varios, -as several *5*
veinte twenty *2*
veintiuno twenty one *2*
el **vendedor** seller *4*
vender to sell *4*
venir to come *2*

la **venta** sale *7*
la **ventaja** advantage *9*
la **ventana** window *9*
ver to see *2*
el **verano** summer *4*
la **verdad** truth *2*
    ¿Verdad? Right? *2*
verdadero, -a real *9*
verde green *4*
vestir to dress *9*
vestirse to get dressed *6*; to dress oneself *9*
la **vez** time (as in instance) *2*
    a veces at times *2*
    algunas veces sometimes *4*
    de vez en cuando once in a while *4*
    en vez de instead of *8*
viajar to travel *3*
el **viaje** trip *3*
la **vida** life *3*
el **vidrio** glass *9*
viejo, -a old *3*
el **viento** wind *10*
    hace viento it's windy *10*
viernes Friday *4*
virgen virgin *10*
la **Virgen** the Virgin *8*
la **visita** visit *6*
visitar to visit *3*
la **vista** view *3*
vivir to live *1*
el **volibol** volleyball *7*
volver to return, to go back *5*
vosotros, -as you (plural-informal) *1*
votar to vote *10*
voy I'm going (form of **ir**) *1*
la **voz** voice *10*
    en voz alta out loud *10*
vuestro, -a your (plural) *6*

Y

y and *1*
ya already
    ¡Ya lo creo! I certainly believe it! *3*
yo I *1*

Z

zapoteca Zapotec *9*

index

Abbreviations

G .... La gramática
P ..... Ejercicios de pronunciación
R ..... Rincón de cultura
S ..... Suplemento

Photo Credits

All the black-and-white photos in *Ambientes hispánicos 1* not taken by the author have been provided by the following:

Aaron D. Cushman and Associates, Inc.: pages 36, 75, 78, 99, 158, 177, 181, 224

Blake, John: pages 12, 33, 44, 108, 115, 151, 195, 200

Richardson, Scott: page 127

Narváez-Beisel, Mark: page 131

Paddleford, Nancy Ann: page 165

Puerto Rico Tourism Company: pages 28, 66, 74, 123, 141, 215, 231

Spanish National Tourist Office: pages 56, 79

Zabel Narváez, Maxine: page 117